XIAOXUE

BENZHEN JIAOYU

XIAOBENHUA

TANSUO

YU

SHIJIAN

小学本真教育校本化探索与实践

主　编　薛　萍　杭元康

重庆大学出版社

图书在版编目（CIP）数据

小学本真教育校本化探索与实践 / 薛萍，杭元康主编. -- 重庆：重庆大学出版社，2021. 3

ISBN 978-7-5689-2090-2

Ⅰ. ①小… Ⅱ. ①薛… ②杭… Ⅲ. ①小学教育—教育研究—重庆 Ⅳ. ①G622. 0

中国版本图书馆 CIP 数据核字(2020)第 077803 号

小学本真教育校本化探索与实践

主　编　薛　萍　杭元康

策划编辑:范　琪

特约编辑:万清菊

责任编辑:范　琪　　版式设计:范　琪

责任校对:王　倩　　责任印制:张　策

*

重庆大学出版社出版发行

出版人:饶帮华

社址:重庆市沙坪坝区大学城西路 21 号

邮编:401331

电话:(023)88617190　88617185(中小学)

传真:(023)88617186　88617166

网址:http://www. cqup. com. cn

邮箱:fxk@ cqup. com. cn (营销中心)

全国新华书店经销

POD:重庆新生代彩印技术有限公司

*

开本:720mm×960mm　1/16　印张:11. 75　字数:170 千

2021 年 3 月第 1 版　2021 年 3 月第 1 次印刷

ISBN 978-7-5689-2090-2　定价:68. 00 元

编委会

顾　问：叶贵本

主　编：薛　萍　杭元康

副主编：张　敏　王剑平

编　委：李晓洁　刘灵丹　赵　颖　熊贵明　廖芙蓉

黄　俭　吴成兰　杨　洋　罗雨婷　卢　樱

前　言

本真教育是一种立德树人的教育。作为素质教育中的一种选择，陈家坪小学将本真教育作为学校实施素质教育，开展课程体系建设，构建符合“立本求真，日进日新”的育人理念，推进课程改革深化的重要途径。自 2015 年以来，学校以承担的市级科研课题“本真课程体系实践研究”为载体，将“真知、真用、真人、真情”确定为课程育人目标，构建起了具有特色的本真课程体系，同时完成了课题研究报告，申报了科研成果。本书是基于学校课题研究的成果，结合新时期教育发展而细化完成的。

陈家坪小学前身是重庆热水瓶总厂子弟学校，2002 年移交给高新区教委，更名为陈家坪小学。近年来，学校教育改革与深化都密切结合国家基础课程的校本化、校本课程特色化，以及教师的专业化发展实施。2015 年 2 月，重庆市九龙坡区教育委员会印发了《关于全面推进中小学校课程体系建设的指导意见》，要求各学校重视和加强课程体系建设，陈家坪小学充分挖掘课程资源，结合生活教育、生命教育、生本教育等教育理念与教育内容导向，申报了市级“本真课程体系建设的实践研究”科研课题，开展了本真课程体系建设，形成了本真教育的育人特色。

本真教育的内涵有三个方面：一是立本求真，强调崇尚美德，追求至善，回归教育本义，突显教育本色。二是课程建设的本真，强调坚持以基础课程为本，以育人为本，以师生发展为本，着力开发有学校本真特色的经典阅读课程等。三是以学生为本的本真教育，着力培养学生质朴本色和率真个性，让学生求知识之真，求人性之真，求为人之真，不断夯实“忠孝、仁爱、信义、责任”的中华传统文化的思想教育。

本书基于陈家坪小学本真课程体系建设与本真教育实践中形成的研究成果，从“本真教育的内涵及外延、本真教育课程建设的理论与实践、本真教育的课程教学设计、本真教育中学生学习的基本技能、本真教育中学校校本课题的研究、本真教育的深化改革思考与对策”几个不同的重点方面总结归纳本真教育的理论与实践研究成果。我们力求通过本书比较系统地介绍近年来学校领导、教师致力于教育改革、课程建设、课堂教学与学校特色文化建设的经验与成效。

革命导师马克思早就对科学发展做出“一切科学的发展都将归结为一门科学人的科学”论断，古希腊著名的哲人苏格拉底也曾提出“人要认识你自己”的科学发展的要求。本真教育，可以说首先是基于学生发展，为了学生发展的教育，是关于人的科学的一个缩影。本真教育同时更是对于人的自我认识、自我肯定与自我实现的教育，中国古代的人性论、人贵论、天人合一论，以及近代西方教育理论中的自然教育论、人的需要论、生活教育论等理论，对本真教育可以说是具有指导意义的教育思想与教育理论。在本真教育实践活动开展和课程教学中，认识论、实践论、信息加工论、个性教育论、综合实践教学论等原理与方法，同样适合本真教育的实践指导。

小学是素质教育全面开展和全面深入的教育阶段，小学生的素质教育，有其本真教育的特点，主要表现在三个方面：一是小学生的素质教育是发展性的素质教育，因为其素质发展的可塑性大，所以对本真教育的要求更需要灵活化，更要遵循儿童的天性或本性；二是小学生在学习方式上有兴趣导向、内容简单直观、习惯培养占主体的要求，因此本真教育必须选择符合小学生学习方式、学习内容、学习习惯的教育指导理念和管理目标；三是小学教师有着不同的专业素养，要有期待花开、静心育人、强调职业认同感和个人教育情怀等较高的教育素质。

学校的本真教育理论与实践研究，因新技术革命对教育的改变，不同的学校校情，更因追求的教育成效呈现差异。陈家坪小学的本真教育是展现自身特色、自己风采的素质教育，书中内容以不同的主题呈现，虽有不够完善的地方，但也不失科学育人的借鉴意义。

薛　萍

2021 年 1 月于学校

目　录

第一篇　本真教育校本化实践建设概述 ………………………… 1

一、本真教育的内涵及外延 ………………………… 2

二、本真教育的实践思考 ………………………… 4

第二篇　本真教育校本化的课程与教学 ………………………… 8

一、本真教育校本化的课程与教学原理 ………………………… 9

二、本真教育校本化课程与教学的实践 ………………………… 11

第三篇　本真教育校本化的教学设计 ………………………… 18

一、本真教育校本化的理性思考与教学理念 ………………………… 19

二、本真教育校本化教学的课堂模式建构 ………………………… 24

第四篇　本真教育学生学习的基本技能 ………………………… 29

一、本真教育中的学生学习认知 ………………………… 30

二、本真教育中学生学习技能的培养 ………………………… 37

第五篇　小学本真教育校本化的实践研究 ………………………… 40

一、本真教育的学校管理实践研究 ………………………… 41

二、本真教育的学校教学实践研究 ………………………… 46

三、本真教育学校教师教育的实践研究 ………………………… 49

第六篇　本真教育深化改革的校本化思考 ······ 56

一、本真教育深化教育改革的校本化理解 ······ 57

二、本真教育深化改革的校本化认识 ······ 60

三、本真教育深化改革的校本化举措 ······ 62

参考文献 ······ 173

用本真的思维创新学校育人特色

——《小学本真教育校本化探索与实践》后记 ······ 175

第一篇

本真教育校本化实践建设概述

教育是一种传承与创新的活动，更是培养建设者和接班人的事业。党的教育方针在新时期要求全面实施素质教育，落实立德树人根本任务，更要针对学生的核心素养，深化课程改革，构建符合学生身心发展的规律，面向未来和传承中华优秀文化，促进社会主义核心价值观进课堂、进教材、进头脑的课程体系，以充分发挥课程育人的作用。本真教育，是陈家坪小学的教育传承与创新，同时也是充分重视国家课程校本化，校本课程特色化的课程体系建设，传承中华优秀文化，培养面向未来，适应互联网时代发展需要的人的教育。

一、本真教育的内涵及外延

素质教育的深化需要科学的原理与方法，本真教育的原理与方法是重要的素质教育原理与方法：①传承了中华优秀文化，如儒家文化《礼记·中庸》“立天下之大本，知天地之化育”和《论语》“君子务本，本立而道生”的思想与方法；②融合了近代教育中的生活教育原理与方法，如陶行知“千教万教教人求真，千学万学学做真人”；③承载了当代的人本主义、建构主义等教育原理与方法，对素质教育的科学发展有不可替代的教育促进作用。本真教育是回归教育本义，完美统一的人的个性化和社会化的教育，作为一种教育思想理论和教育实践，可以看作对教育的一种美好理想与不懈的追求。

1.本真教育理念

法国人文主义作家、思想家蒙田在《热爱生命》一书中提出：领悟生命的意义，认识本真的生命。由此，本真教育的教育理念起源于生命的意义思考。陈家坪小学主张重视学生的生命价值的提升，把学校教育的理念定位为“立本求真，日进日新”。

(1)本真

《辞源》中“本”的义项是草木之根，事物的根源或根基；“真”是真实、真诚。因此，“本”可以理解为是生命的本态，是对人的本源性认识，陈家坪小学的教育之本，是指坚持以学生全面发展为本，以课程育人为本，以学校的校本课程建设为本。“真”是事物的真实状态，是人的客观存在发展规律，是万物生长发育的内在动力，陈家坪小学的教育之真，是指要尊重教育的客观存在规律，适应学生的身心发展规律，以促进学生的发展为宗旨，为学生的终生发展奠基。

(2)立本求真

在尊重生命本态的前提下，以人为本，务本向善，通过追求包含一切其他善的最高的善，促进人的整体发展，是人的自主、自由、自觉发展。立本是崇尚美德，追求至善。求真是尊重规律，崇尚科学，追求真知，坚持真

理，真实诚信，追求真才实学。立本是求真的归宿，求真为了立本；同时，只有注重立本，才可更好地求真。

(3)日进日新

毛泽东同志曾经指出：“好好学习，天天向上。”中国特色社会主义强调改革发展要与时俱进，不断创新。“日进”就是要让教育成为促进学生每日进步的理论与实践，不断提高学生的立本求真素质。“日新”是学校的素质教育要与时俱进，不断改革和创新发展。

2. 本真教育思想

本真教育追求“本真至善，立己达人”的教育理想，强调“立足本质，探求真理”教育内在体系的建立，将“真知、真用、真人、真情”的真人培养作为教育目标。因此其教育思想是一种自然教育、生命教育、生本教育、可持续发展教育的综合教育思想。

(1)本真至善

善是人的本性，更是一种美德，善的表现是美与亲情，本真至善，就是讲求人的本性，追求人的美德，以美和亲情作为教育的内在动力。至善出自《礼记·大学》：“大学之道，在明明德，在亲民，在止于至善。”教育的宗旨，在于弘扬光明正大的品德，在于使人弃旧向新，在于使人的道德达到最完善的境界。至善是指一种“最崇高的善”，大儒学家朱熹认为：“言明明德，亲民，皆当至于至善之地而不迁。盖必其有以尽夫天理之极，而无一毫人欲之私也。”《说文解字》认为“教，上所施下所效也；育，养子使作善也”，强调了教育要使人向善，本真教育的使命是努力让学生成为社会所需要的尽可能完善的人。

(2)立己达人

“立己”是指相信人成长的内在力量，强调人要加强自我修养，自强自立,使自己品德高尚,学业有成。“达人”是指人要关爱他人、回报社会,努力使大家共同发展和进步。本真教育重视立己达人,符合中国人“正心、修身、齐家、治国、平天下”的成长规律,也是中华优秀文化“内圣外王”的思想体现。立己达人出自《论语·雍也》,“夫仁者,己欲立而立人,己欲达而达人”。其意是指仁德的人,自己想成功首先使别人也能成功,自己做到通达事理使别人也通达事理。

(3)立足本质

教育家第斯多惠认为“教育及教养上的最高原理,是承认服务于真善美的自我活动这一原理”。本真教育追求学生拥有质疑的自由、表达的自由、人格成长的自由。立足本质,就是以学生的天性、生态、生活、成长为本,根据立德树人根本任务,积极实施素质教育。立足本质,强调以生为本的课程体系建设,重视校本化的课程与教学实践。陈家坪小学的立足本质,是以学生的“真知、真用、真人、真情”的真人培养作为教育目标,促进学生的全面发展为本。

(4)探求真理

教育的根本目的就是从学生的需求出发,让学生具备做人的优良品质,成为真正的人。探求真理,就是在教育目的的达成过程中,探索学生的需求,探讨做人的优良品质内容,探求真正的人内在的真智、真情、真品。中国古代的道家创始人老子说:“道生一,一生二,二生三,三生万物,万物负阴而抱阳,冲气以为和。”探求真理,就是科学认识教育之道,充分把握教育之道对学生成长的影响,以教育之道为前提,把本真教育落到实处。

二、本真教育的实践思考

实践是检验真理的唯一标准,本真教育作为一种素质教育的实践,需要落实到课程建设和学生的本真学习实践活动上。本真教育的实践思考,主要有三个方面:一是本真课程体系建设,二是本真学习实践活动,三是本真教师的素质教育。

1. 本真课程体系建设

学校课程体系建设是贯彻落实《国家中长期教育改革和发展规划纲要（2010—2020年）》和教育部《关于全面深化课程改革 落实立德树人根本任务的意见》的要求，推动学校相关人员课程领导力、研究力、开发力、执行力、评价力提升的需要。本真课程体系建设，是陈家坪小学深化课程改革，强化本真教育实践研究的重要内容。学校将本真课程体系建设界定为在学校办学理念“立本求真，日进日新”的指导下，“立足本质，探求真理”的一种课程育人体系。该课程体系以“立本求真，日进日新”为理念，以“真知、真用、真人、真情”为课程育人的目标，建设的总体思路是“一核、两规、三全”：“一核”——以核心素养为核心；“两规”——遵循规律、整体规划；“三全”——全科育人，全程育人，全员育人。本真课程体系有四个课程模块：部分国家与地方课程整合模块、小学生语文素养课程模块、校本课程规划与实施模块、隐性课程模块；分三大类：国家基础课程类（语文、数学、英语、科学、信息技术、音乐、美术、体育、品德与社会、综合实践）、学校拓展课程类、活动课程类，具体细化为“语言与表达”“数学与思维”“科学与创新”“艺术与审美”“社会与生活”“健康与体育”六个部分课程内容。课程实施上通过立育人之本，立求知之本，立创新之本，达到求知识之真，求人性之真，求人才之真，在传递知识、增进经验、矫正习惯、培养兴趣、培养能力的同时，浸润“忠孝、仁爱、信义、责任”的思想。

2. 本真学习实践活动

本真教育的重点是学生的本真学习实践，学生是教育之本。学生的自主学习、合作学习、探究式学习，都是建立在学生的主动参与、自主管理和自我评价基础上的。陈家坪小学学生的本真学习实践活动，重点是五个方面：一是练好读写基本功，主要在于阅读技能积累，丰富语文知识储备。具体措施为确保阅读时间，加强阅读指导，建立读书评比激励机制等。二是练好书写基本功，主要在于培养学生形成正确的写字姿势和良好的写字习惯，教育学生意识到“提笔就是练字时”，做到“写字必规范，写字必认真”。具体措施为学生必须做到“三个一”,即眼睛离纸平面一尺,胸口离桌面一拳,手指离笔尖一寸;“八个字”,即头正、身直、足安、心专,严格按照《义务教育语文课程标准》的要求进行扎实的识字、写字教学。三是开设花样跳绳、二胡、舞蹈、书法、语言等多种课程为选修课,学生根据自己的需要选择选修课程。四是举办“四大节”活动,让学生在活动中锻炼、在活动中成长。“四大节”:读书节——沐浴书香,开阔视野;科技节——大胆实践,创新发展;体育节——强身健体,磨炼意志;感恩节——知恩图报,弘扬美德。五是充分发挥校园广播、校报、校刊、网站的作用,结合学校课程体系建设和学生的特点进行广播,丰富校园文化,办好校报、校刊,发挥学校网站的优势,加强学校宣传的同时,使网站成为师生、家长交流共享的平台。

3. 本真教师的素质教育

学校发展的关键是教师的发展,教师群体发展水平决定了学校的发展水平。本真教师的素质教育,是推进学校本真教育实践的重要保障。学校提出了精细化管理的要求,努力打造一支理念先进、师德高尚、业务精湛、人格健全的教师队伍。精细化管理,就是重细节、重过程、重基础、重具体、重落实、重质量、重效果,专注地做好每一件事,在每一个细节上精益求精、力争最佳。本真教师的素质教育,一是在教师的教学活动中进行管理,要求重读教材、分析交叉内容,结合课堂教学进行观摩研讨、头脑风暴、经验推介等交流活动,总结整合备课模式:研究教材、产生设想→集体备课、有机整合→示范引领、借鉴改进→自我实践、评价反思。总结基本的教学流程:课前深钻课本和补充教材,把握单元目标和课时目标→找准切入点,有效整合(做好上下课间或课内教学环节间的衔接)→因材施教,小组合作,共同探究→联系实际,适度拓展,培养能力→评价反思,科学整改。二是围绕“本真教育”的核心价值观,形成学校的办学理念、校训、校风、教风和学风,要求教师理解教育真谛,更新教育观念,回归教育本真,坚持本色,解放智慧,追求真理,学做真人,形成学校教师特有的“本真教育”理念与实践思考。三是加强对本真教育的校本化研究,探索素质教育校本研究的理论框架，进一步丰富素质教育的理论，将素质教育与学校的校情、师情和学情有机结合起来，寻找学校实施素质教育的切入点和突破口，打造“本真教育”的教师品牌。

第二篇

本真教育校本化的课程与教学

陈家坪小学长期坚持办一所充满真善美气息的优质学校，着力建设具有学校教育特色的“本真”课程体系。学校为贯彻落实《国家中长期教育改革和发展规划纲要(2010—2020)年》和教育部《关于全面深化课程改革 落实立德树人根本任务的意见》，提出“立本求真，日进日新”的办学理念，着力构建“立足本质，探求真理”的课程与教学体系。该课程与教学体系通过“立育人之本，立求知之本，立创新之本”，做到“求知识之真，求人性之真，求人才之真”，在传递知识、增进经验、矫正习惯、培养兴趣、培养能力的同时，浸润“忠孝、仁爱、信义、责任”的思想。

一、本真教育校本化的课程及教学原理

本真教育课程与教学是在素质教育思想指导下，坚守教育的儿童立场，倡导儿童要做回儿童，教育要“为了儿童、支持儿童、成就儿童”。本真课程与教学追求“真知、真用、真人、真情”的育人目标，积极构建具有学校特色的“本真”课程体系，强调课程整合，整体上课程体系由“语言与表达”“数学与思维”“科学与创新”“艺术与审美”“社会与生活”“健康与体育”六个部分课程类组成，整合后的每一个部分都有与国家的基础课程、学校开发的拓展课程、主题课程相关的课程及教学内容。

1. 素质教育理论

素质教育是针对学生成长，面向全体学生和学生素质发展的所有方面的教育。第一方面，素质教育是以马克思主义关于人的全面发展原理为基础，注重学生的全面成人，体现全人教育的思想与方法；第二方面，素质教育是以学生的终身发展为重点，针对素质形成与发展的基本规律，特别是儿童心理发展中的知、情、意、行发展规律而提出课程与教学对策的终身发展教育，体现心理教育的思想与方法；第三方面，根据课程育人过程中加强学生核心素养培养的需要，素质教育注重学生的创新精神与实践能力，社会责任感的重点任务落实，把立德树人作为教育的目标，体现立德树人的原理与方法。

2. 生本教育理论

生本教育是以学生发展为本，以学生的自学、主动学、合作学、探究性学为课程与教学的思想原理与方法的教育。生本教育源于“人之初，性本学，学生是天生的学习者”的教育思想，主张教育“一切为了学生，高度尊重学生，全面依靠学生”。其核心的教育理念是为了学生的全面发展和科学成人，其课程建设注重小立课程，潜心研究，整体感悟知识和生命内涵；其课程与教学的重点是十六字方针：先做后学，先学后教，少教多学，以学定教；其课堂教学就是以学生为主体，让学生主动、自主学习，表现的形态为“四突出”“三转变”和“四个基本程序”。生本教育以“学生也是学校重

要的学习资源”为课程与教学的哲学原理，提出教师要为学生的“好学”而设计“教好”的基本理念，教学质量在于：真正达到“知七得十”“举一反三”的效果。

3. 自然教育理论

自然教育理论创始人卢梭认为，教育应顺从于大自然的法则，发展人的天性。教育必须使人的教育与物的教育配合自然，以自然教育为主轴，使人的教育和物的教育围绕它而有秩序，以儿童的内在自然为依据，通过恰当的教育，使儿童的身心得以顺利发展。自然教育集中表现为对人的自然本性的充分肯定，重视培养自然的人性和学生理想的人格，自然教育的理想准则是“接近自然，取法自然，返回自然，归顺自然”。

4. 儿童中心理论

该理论创始人杜威主张教育的重心在于儿童，课程与教学要“以儿童为中心”，所有的教育应是促进儿童身心发展的进步教育，儿童是教育的起点、中心，而且是目的。儿童的发展、儿童的生长，就是教育的理想和质量所在。儿童以本能活动为核心的习惯、情绪、冲动、智慧等天生心理机能的完善和成熟，是教育的追求过程。儿童中心理论要求教师课程与教学必须考虑儿童的个性特征，每个学生都能发展他们的特长，尊重儿童在教育活动中的主体地位，“做中学”是儿童中心理论的基本教学原理与方法。

5. 生活教育理论

人民教育家陶行知指出：“生活教育是生活所原有，生活所自营，生活所必需的教育。”进一步理解生活教育，可以是给生活以教育，用生活来教育，为生活向前向上的需要而教育。生活教育的根本意义是学生生活之变化，有三个方面的主张：“生活即教育”“社会即学校”和“教学做合一”。生活教育理论从生活与教育的关系上说，是生活决定教育；从效力上说，教育要通过生活才能产生力量而成为真正的教育。生活教育的目的在于，“千教万教教人求真，千学万学学做真人”。

6. 建构主义理论

建构主义理论又称为结构主义理论，是当代认知心理学派中的一个分支。建构主义理论主张图式是个体对世界的知觉理解和思考的方式，是人认知结构的起点和核心，图式的形成和变化是认知发展的实质，认知发展受三个过程的影响：同化、顺应和平衡。建构主义主张课程与教学不能无视学习者的已有知识经验，简单强硬地从外部对学习者实施知识的“填灌”，而是应当把学习者原有的知识经验作为新知识的生长点，引导学习者从原有的知识经验中产生新的知识经验。教师要成为学生建构知识的积极帮助者和引导者，应当激发学生的学习兴趣，引发和保持学生的学习动机；学生要用探索法和发现法去建构知识的意义，要善于把当前学习内容尽量与自己已有的知识经验联系起来，并对这种联系加以认真思考。

7. 科学管理理论

科学管理理论创始人泰勒主张人的管理应是“积极性加刺激性”的管理，或称任务管理，管理的具体内容可以划分为三个方面：作业管理、组织管理和管理哲学。从课程与教学上讲，管理的原理是以“课程目标”为中心，根据课程目标选择与组织作为“教育手段”的“学习经验”。任何课程的设计须解决四个基本问题：一是学校应该达到哪些教育目标，二是提供哪些学习经验才能实现这些目标，三是怎样才能有效地组织这些学习经验，四是怎样才能确定这些目标正在得到实现。因此，简单地讲课程与教学的管理就是确定目标、选择经验、组织经验和评价结果。

二、本真教育校本化课程与教学的实践

本真教育课程与教学的实践活动，是依据本真教育课程与教学的理论，结合学校深化课程改革，落实立德树人根本任务的需要，着力于本真教育课程体系建设，本真教育学科课堂教学活动，以及学校本真教育校本特色的综合实践活动开展。

1. 本真教育课程体系的建构

教育部《关于全面深化课程改革落实 立德树人根本任务的意见》指出：落实立德树人根本任务，要加强基础教育课程建设；学校的发展，需要基于学生核心素养的培养，把课程育人建立在学校的特色课程体系建设，统筹和整合课程资源上。陈家坪小学以全面落实党的教育方针，以教育现代化发展为重点，研究构建本真课程体系，把本真教育管理、教育文化、教师队伍、学生成长环境等作为本真课程体系建设中的要素进行综合。课程建设的总体思路是："一核、两规、三全"。"一核"——以"核心素养"为核心；"两规"——遵循规律、整体规划；"三全"——全科育人，全程育人，全员育人。在课程体系建设中，将学校课程体系建设中的四个方面作为四个模块具体细化实施研究：部分国家与地方课程整合实施研究、小学生语文素养提高工程实施研究、校本课程规划与实施研究、隐性课程建设研究。研究完成的学校本真课程体系总体如下图：

陈家坪小学本真课程体系基本结构图

（1）本真教育课程体系要素

课程体系建设有七大基本要素：课程理念、课程目标、课程内容、课程功能、课程实施、课程评价和课程管理。本真课程体系呈现的七大要素为：

——课程理念：立本求真，日进日新。

——课程目标：真知、真用、真人、真情。

——课程内容：国家的基础课程（语文、数学、英语、科学、信息技术、音乐、美术、体育、品德与社会、综合实践），学校的拓展课程，以及一切有益于学生成长的主题活动课程。

——课程功能：立育人之本，立求知之本，立创新之本，做到求知识之真，求人性之真，求人才之真，在传递知识、增进经验、矫正习惯、培养兴趣、培养能力的同时，浸润“忠孝、仁爱、信义、责任”的思想。

——课程实施：针对校情、学情进行调查、分析、研究，以学校的发展规划为纲领，秉承学校的办学理念，以学生的培养目标为指南，构建起具有学校特色的本真课程体系，主要由“语言与表达”“数学与思维”“科学与创新”“艺术与审美”“社会与生活”“健康与体育”六个部分组成。

①基础课程的实施。明确保证教学质量和课时，备课要求教师“研究教材、产生设想→集体备课、有机整合→示范引领、借鉴改进→自我实践、评价反思”。总结提炼交叉内容的基本教学流程：课前深钻课本和补充教材，把握单元目标和课时目标→找准切入点，有效整合（做好上下课间或课内教学环节间的衔接）→因材施教，小组合作，共同探究→联系实际，适度拓展，培养能力→评价反思，科学整改。

②拓展课程的实施。重点是小学语文、小学数学的课内课程拓展实施，如小学语文拓展课程中的阅读课程实施主要采取单元整体授课策略，即依据语文教材主题单元编写特点，将一个单元作为一个整体，实施“单元整体预习—课时整合授课—单元回归整理”，将一个单元的听说读写融为一体，大大提高教学效率。在课时整合授课中，着重注意三点：一是找准几篇文章的整合点，如按文体整合、按人文主题整合、按表达方法整合，或按同一作家文章整合等，实现整合的最大效益；二是将精读与泛读有机结合，精读品味，泛读博览，确保学生听说读写语文能力扎实提高；三是将课外资源有机整合到课内，按照计划适当补充阅读，使学生的语文素养在大量的语文实践中得到提高。比如《黄鹤楼送别》一课，可以诗中有画、诗中有情为主题进行整合，引导学生通过大量阅读，感受诗的意境，领悟作者的表达意图，体会古诗语言凝练、表达准确的特点。

③活动课程的实施。主要是科学设置校本课程，开设花样跳绳、二胡、舞蹈、书法、语言等多种活动课程，纳入学生的兴趣活动或社团活动并作为选修课，学生根据自己的需要选择选修内容。学校还通过举办四大节活动，让学生在活动中锻炼、在活动中成长。通过开展丰富多彩的活动，为学生搭建自主发展的平台，提高了学生的综合素养。

——课程评价：本真课程评价分为基础课程的学业评价、拓展课程的效果评价与活动课程的过程评价三个不同的组成部分，课程评价的标准以“真知、真用、真人、真情”目标达成作为总的要求，分别在不同课程的育人功能达成上，强调不同的重点，体现课程评价中各要素的均衡性、综合性和选择性。

——课程管理：本真课程在管理上建立课程建设与实施的领导小组和工作小组，制订明确的课程与教学的管理制度，结合网络化、信息化和大数据分析的要求，加强课程与教学的网络化管理，针对学生的本真素质教育，树立精细化管理的思想，重细节、重过程、重基础、重具体、重落实、重质量、重效果，各项课程与教学都按照“计划—实施—检查—总结”这样一个模式运行，做到有计划、有检查、有落实，奖惩分明，具体表现为：一抓要求，二抓规范程序，三抓计划，四抓落实，五抓评价。

(2)本真教育课程体系的特色

本真课程体系建设，具有学校理解课程、学校课程内容构建、学校课程实施研究的三个方面校本特色。

——理解课程的特色。对学校教育的课程本身有不同的理解，可以把课程理解为教学科目、学习经验、教学目标、学习改造、教学计划、师生互动的过程与结果、育人媒体等。本真课程体系中的课程是指以学生发展为本，以学生的学习为本，促进学生本真素质提高的所有教育影响和课程内容。本真课程可以区分为显性课程和隐性课程，显性课程主要有“语言与表达”“数学与思维”“科学与创新”“艺术与审美”“社会与生活”“健康与体育”六个整合学科教学的课程；隐性课程，如学校不断改善的物质文化环境和不断丰富的校园文化环境：校园内设计了学校校园法制教育、安全教育、健康教育等系列展板。

——课程内容构建特色。本真课程体系是依据学校办学理念、培养目标、学生需要、校内外教育资源，对现行国家、地方、校本课程科学规划和整合统筹建设，进而构建学生发展所需要，具有学校特色，融显性课程与隐性课程、核心课程与外围课程为一体的课程体系。其课程内容在于通过“立育人之本，立求知之本，立创新之本”，做到“求知识之真，求人性之真，求人才之真”，在传递知识、增进经验、矫正习惯、培养兴趣、培养能力的同时，浸润“忠孝、仁爱、信义、责任”的丰富思想教育内容。其主要有“语言与表达”“数学与思维”“科学与创新”“艺术与审美”“社会与生活”“健康与体育”六个部分核心内容。

——学校课程实施研究特色。本真课程体系建设与实施，学校充分发挥科研先行、课题研究推进的作用，从理论研究到实践研究上，申报重庆市教育学会第八届基础教育科研课题“本真课程体系建设的实践研究”（课题批准号：XH2015B212）立项并结题，申报重庆市教育科学规划办公室 2019 年重点课题“本真教育的校本化实践研究”立项并开展研究。本真课程体系建设，一方面有本真教育思想和方法的指导，另一方面具有当代先进的教育理念、教育理论和教育技术的支撑。本真课程的实施、评价及管理，更是建立在学校对课程的理解、课程内容的科学构建、课程育人目标的个性化表达，以及课程管理的人文化管理基础之上的，因此，本真课程体系在整体上具有学校课程体系建设的研究特色。

2. 本真教育学科课堂教学实践

课堂教学是学生学习的主阵地，本真课程体系建设中，理应建构一种让学生积极参与、自主学习、主动探索，进而培养学生创新精神和实践能力的课堂教学机制，从而真正把学习的自由还给学生，把学习的权利还给学生，把学习的时空还给学生，把学习的乐趣还给学生，促进学生核心素养的提升，促进学生主体全面和谐发展。本真学科课堂教学以真切的教学目标与内容，真实的教学过程与方法，真挚的师生关系和教学氛围，真人性化的学科教学培养目标指导本真课堂教学的实践活动开展。

(1)“四学”本真课堂教学模式

四学是学生的自学、互学、展学、查学。在本真教育理念下的四学本真课堂教学,坚持以学为中心,强调学生求真知、感真情、用真识、做真人。课堂教学建构要求回归生态,尊重学生求知规律,重视教学自然生成,践行自主、合作、探究、体验的学习方式。四学本真课堂教学目标达成实现“三个变化”:在学生认知上,从学会变为会学;在情感态度上,从厌学变为乐学;在课堂质效上,从平淡低效变为优质高效。四学课堂教学提倡学习是对问题本质揭示的过程,自学部分设疑寻真、互学部分开展析疑探真、展学部分重在质疑辨真、查学部分关键在于释疑明真。四学课堂教学的实践活动中,自学具有自主性、独立性;互学具有交往性、互助性;展学具有开放性、探究性;查学具有诊断性、发展性。

(2)语文学科教学实践活动

小学语文本真课堂教学的实践,追求练好读写基本功,培养语文核心素养。一是强调学生增加阅读积累,丰富语文储备,实践上明确规定各年级必读必背经典书目,加强督促落实,充分利用图书室现有图书,及时更新开放图书架的图书,各班级设立图书角,存放学生个人书籍,实现图书资源共享。二是确保阅读时间,加强阅读指导,实践上定期安排课外阅读方法指导课、阅读汇报课、阅读欣赏课、好书推荐课等,并制订具体的阅读计划,做好阅读规划,探索不同课型阅读课的一般组织流程和策略,提高阅读质量。三是开展形式多样的读书活动及展示评比活动,如开展读书进社区活动,走进图书馆活动、语文素养展示活动(朗诵、演讲、口头作文、书写)、故事会、诵读会、人物评论会、读书心得交流会等,尝试采用活动评价、读书笔记(或读书记录卡)展评、读书辩论赛、古诗词对抗赛、古诗词考级等形式对学生的课外阅读进行评价。四是练好书写基本功,在语文教学中实施以“端端正正写字,堂堂正正做人”为主题的书写基本功训练,培养学生有正确的写字姿势,做到“有字必规范,写字必认真”,严格按照《义务教育语文课程标准》的要求进行扎实的识字、写字教学。五是提高语文常态课堂教学效率,提出小学语文教学改革的基本思路:语言为本、情感为魂、主动实践、发展能力，明确提出了小学语文课堂教学的四个结合：学习语言与人文熏陶相结合，语言理解与领悟表达相结合，语言学习与学生思维发展相结合，语文学习与培养学生良好学习习惯相结合。六是实施单元整体教学策略，对语文学科教学知识整合有明确的目标，有教学方法，有明确的主题，有不同年龄段学生的学习特点分析，有整个小学阶段学生语文核心素养的培养。

3. 本真教育教师队伍建设实践

《全面深化新时代教师队伍建设改革的意见》指出："教师承担着传播知识、传播思想、传播真理的历史使命，肩负着塑造灵魂、塑造生命、塑造人的时代重任，是教育发展的第一资源。"本真课程与教学的实践中，教师是重要的实践者，教师队伍的建设，一是需要加强师德建设，在本真课程体系建设过程中，学校多次举行师德培训，重点结合本真课程体系建设提出的师德要求，统一思想，提高认识，如以"责任在我心中"为主题要求教师撰写学习心得体会，组织教师开展关于"勤奋成就事业"的研讨交流活动等。二是明确教师的角色定位，提出教师是立教之本、兴教之源，做的是传播知识、传播思想、传播真理的工作，是塑造学生灵魂的工程师；对教师成长提出做"四有"好老师，做学生"四真"的引路人，成为一名好教师。三是针对本真课程与教学的专业能力提升，提出教师要适应网络大数据化的技术转变，多读书、善积累、勤实践、重合作、常反思，既能创新教育模式，顺应时代的变迁，又能使教育回归本真，全面开展本真的课程与教学活动。四是建立有效的学校教师队伍建设管理运行机制，对教师评职晋级、参加学术活动、承担科研课题等，都要具有依法治教意识，采取激励的机制。

第三篇

本真教育校本化的教学设计

校本化是现代教育的一个重要发展趋势，在本真教育思想与本真课程体系建设实践上，校本化的教学设计是一个很重要的代表。教学设计的校本化是新课程的要求，对真正落实“用教材教而非教教材”具有重要作用。教学设计的校本化对学生的有效学习，学生的核心素养培养有深化课程改革的育人作用。本真教育的校本化教学设计，以科学的儿童观和人性观为基础，以先学后教和学行结合为先进的教学理念，重视学生本真学习的活动组织，推进教学的网络化、大数据化进展，以提高教学质量为根本目标。

一、本真教育校本化的理性思考与教学理念

校本化是学校课程与教学建设的一个发展走向，是以学校校本化的发展问题解决为主导，以学校的课程建设、文化建设、教学研究为载体，发展学校为目标的教育改革形式。本真教育是全面实施素质教育的一种教育理性思考与教育实践，其校本化的发展主要在于以本真课程体系建设为理性思考与实践的重点，构建学校有特色的育人教育体系，以“课程体系、教师教学、学生活动、校园文化、环境优化”五位一体的素质教育为校本化的不同方面，开展促进学校教学改革与发展的理性思考与实践活动。

1. 本真教育校本化的理性思考

教育思想家、哲学家卡尔·雅斯贝尔斯曾提出：“人类的将来，取决于本真教育能否成功。”人民教育家、思想家陶行知先生说：“千教万教教人求真，千学万学学做真人。”面对基础教育全面素质化的教育发展，让教育回归本真，尊重本性，更好地因材施教，实施校本化教育教学，才能做到真智慧、真教育、真课堂。真智慧是指依据事物本身的规律而思考与实践，能对事物的改变产生好的效果的智慧；真教育是立本求真的教育，也就是一种以人为本，促进人的全面发展的教育；真课堂是在本真教育理念下，重视学生求真、培养学生做真人的课堂。本真教育的核心是人的自主、自由、自觉发展，是回归教育本义、完美统一人的个性化和社会化，是根根本本、真真实实回归自然状态的本色教育活动。

（1）本真教育的生命之本

“本”可以解释为原来的、基础的、根源的，也可以解释为自己的、现在的，其语义丰富多样。“本真”是指人的生命的根源，也是指人的生命的基础。生命是一种新陈代谢活动，生命是细胞的分裂与功能的组合，生命的根源在于生物体的新陈代谢，生命的基础源于大自然的水和蛋白质有机物，本真教育尊重人的生命活动的规律，强调教育与人的生命活动密不可分，主张生命活动的健康、生命活动的延伸等是教育的原点，教育是生命发展的需要。人的生命发展，表现为人的生物的生长性，人的生命活动的

节律性，人的生命活动的神经活动性，人的社会实践活动的行为社会性等。因此，本真教育的生命之本，需要教育依靠人所具有的生命存在和活动的能力而选择教育的内容与形式。

(2)本真教育的生活之本

生活是人为了生存和发展而进行的各种活动，人的生活除有生命体的自然生命活动以外，更多的是人作为社会存在而进行的学习、工作、休闲、社交、娱乐等。人的生活之本，是对于人的生活的认识与实践，要重视人的社会化与个性化生活。人的社会化生活是指人在各类社会生活中需要依据社会规范与社会行为准则而生活，如依法做事，依礼而行等；人的个性化生活是指每个人在生活中表现自我与完善自我的差异生活，也是一个人对于社会生活的独立选择性生活。本真教育的生活之本，要求教育适应人的社会化生活和人的个性化生活规律，教育的目标在于促进人的社会化生活和人的个性化生活不断地提高质量。

(3)本真教育的学校之本

学校是社会主义思想教育、科学知识教育、文学艺术教育、劳动教育等集多功能于一体的场所，学校教育是学生成长和社会化与个性化的重要改变途径。现代学校之本，特别是落实立德树人根本任务的素质教育理念下的学校之本，是把思想政治工作贯穿教育教学全过程，实现全程育人、全方位育人，是落实立德树人的根本任务，促进学生的全面发展之本。本真教育重视学校之本，是指本真教育的校本化，需要育人先育德，成才先成人，要结合学校的校本课程资源，结合学校的校园文化建设，结合学校的师资队伍，注重培育学生的修养素养，养成良好的生活、行为和学习习惯，实施成功教育、赏识教育、差异教育、网络化教育、心理教育等。本真教育让学生的学习充满快乐，让学生的生活充满阳光，让学校呈现出生命的内涵，并让其成为学生成才的动力，有针对性、差异性地因材施教、同堂异步是学生成才的一种有效手段。

2. 本真教育校本化的教学理念

教学理念是对教学认识的集中体现，同时也是人们对教学活动的看法和持有的基本态度和观念，是人们从事教学活动的信念。教学理念对于教师的教学有很强的指导意义，第一，教学理念影响教师对学生的态度，同时对教学内容与教学形式的选择也会产生思想观念的影响，当前先进的教学理念有以生为本，“一切为了学生的发展”，在这一理念影响下，“好的教学”是以促进每一个学生在德、智、体、美、劳等方面的全面发展与完善，造就全面发展的人才为己任的教学，教师的教学质量在于学生的全面发展或综合素质的提高。第二，教学理念关注教学效益，要求教师要有时间与效益的观念，现在比较得到教师认可的一种教学理念是有效教学理念，也就是在符合时代和个体积极价值建构的前提下教学效率在一定时空内不低于平均水准的教学。它要求教师掌握有关的教学策略性知识，如课前准备策略，课中对于学生主动学习的指导性策略等。有效教学中的“有效”，主要是指通过教师在一段时间的教学后，学生所获得的具体进步或发展，其核心教学理念在于“以生为本，先学后导，全面发展”。第三，教学理念还十分重视关注教学的可测性和量化，如教学目标尽可能明确与具体，以便检测教师的工作效益，教学活动的定量与定性、过程与结果的结合，全面地测量学生的学业成就与教师的工作表现等。

（1）本真教育的教学理念

本真教育是一种完美统一的人的个性化和社会化的教育，它尊重生命本态，以人为本，务本向善，尊重规律，崇尚科学，求真立美，探索真知，通过追求包含一切其他善的最高的善，促进人的整体发展，是针对人的自主、自由、自觉发展的教育。本真教育的教学理念集中包含三个方面：学生主体、问题中心、发展本质。

①学生是主体的理念。新课程标准规定，学生是学习和发展的主体，本真教育在教学理念上强调以学生为主体，就是在教学过程中要学生作为认知的主体、发展的主体。所谓学生是主体，是指学生具有独立人格、主观能动性和自我发展的潜能，拥有自己的阅读权、思考权、表达权、商议权、解决权、评价权等。教学以学生为主体的理念，强调教学要尊重学生的主体地位，以学生的主动性、探索性、自主性、研究性的学习为主要的学

习方式；教学尊重学生的主体地位，需要把学生的自主、自由、自觉发展放到教学的第一位进行思考。

②以问题为中心的理念。本真教育的教学设计、教学组织和教学活动的开展，都注重以问题为中心。相对于学科中心的教学理念而言，以问题为中心的理念是以提出问题、分析问题、解决问题为主线的教学，是以“提问—讨论—回答—点评”四个环节为主要教学环节的教学。在以问题为中心的教学模式中，教师要善于为学生服务，积极倡导学生质疑，使学生的思维得以发展，能力得到提升。教学过程中设置问题的难度要适中，问题太容易，学生不用过多动脑思考就能回答出来，就失去了探究的意义；问题太难，使学生百思不得其解，就打击了学生的积极性。教师设置一些让学生跳一跳够得着的问题，这些问题经过学生思考、讨论之后基本可以解决，就能较好地激发他们探究、解决问题的积极性。

③以发展为目标的理念。事物的发展是一个量变到质变，低水平向高水平变化的过程。学生的发展是在教学影响下，在学习实践活动的开展过程中，不断地改善和提高个体学习能力与学习品质，并积累知识经验的过程。现代教育论认为：人的发展在本质上是一种通过实践不断自我建构的过程，立德树人作为新时期教育的主要任务，强调学生的发展要高度重视核心素养的发展，而核心素养主要指学生应具备的能够适应终身发展和社会发展需要的必备品格和关键能力。研究表明，中国学生核心素养分为文化基础、自主发展、社会参与三个方面，综合表现为人文底蕴、科学精神、学会学习、健康生活、责任担当、实践创新等六大素养，具体细化为国家认同等18个基本要点。本真教育的教学，要把学生核心素养的发展作为主要的目标。

(2)本真教育的有效教学

有效教学是指学生在教师指导下创建学习共同体，并学会自主合作探究学习，单位时间内提高学习绩效，全面实现课程目标，有效实现全面发展的教学。有效教学的关键在于学生的学习有效和教师的自我实现意识增强，学生的学习有效主要是指学生自主的、探索性的、研究性的学习能促进学生的学习能力提高与学习品质很好地形成;教师的自我实现意识增强是指教师在学生成长的过程中,自我实现感不断地增强。因此,有效教学不仅是一个教学活动,更是一个持续发展的、高质量的合作学习过程,有效教学的最终衡量标准就是"学生成长和教师发展"。

①学习共同体。有效教学的重要保障是学生建立学习共同体,而学习共同体是指因为有共同的学习目的、相近的学习兴趣,并能从分散到集中进行学习的活动组织。根据日本学者佐藤学在《静悄悄的革命》一书中提出的学习共同体所产生的学习组织、学习交流、学习评价、学习改进等方面的作用,学生的学习共同体的组建可以依据学生的学习态度、学习经验、学习能力、家庭条件、平时学习的合作意识和学习兴趣等各方面因素而组建,可以根据以生为本、以学为本的原则,在先学后教、以学定教、学导式教学活动中充分发挥学习共同体的学习作用。

②学生的有效学习。有效学习是指符合教育、教学原理的学习,有效学习是花最少的时间,用科学的学习方法学到更多、更牢、更好的知识与提高能力的学习。长期以来,对于有效学习的认识集中在"举一反三"的学习或"学一知十"的学习效果上。心理学研究表明:有效学习,第一是学习目标明确,有目标地学习是有效学习;第二是"寓教于乐"的学习,有效学习应该是让学习变得更有趣的学习;第三是"各个击破"式的学习,是对学习问题进行分解并采取问题解决式的方式进行学习;第四是有科学方法的学习,有效学习不是刻苦学习或题海学习,是用恰当的策略对学习内容进行主动加工,在一定时间内较好地完成学习任务、达到学习目标、自身获得发展的学习。促进学生的有效学习,要求教师转变角色,成为学生学习的引导者、参与者、促进者,善于"点拨",重在"引导",引发"参与",鼓励"对话",通过教师的有效教学行为,积极影响学生的学习态度、学习方法和学习情感,使之不仅会学习,而且学得有动力、有成效。

③教师的自我实现。美国人本主义心理学家马斯洛提出了需要层次理论,他认为人有五个层次的需要,依次为生理、安全、归宿(社交)、爱和尊重、自我实现的需要。自我实现是人的最高动机,表现为对某一事业

的忘我投入，将自己的创造潜能发挥到极致，实现自我价值和社会价值，从而获得精神上的高度满足。教师的自我实现，有专家认为教师除需要做一个专业上高度发展的人外，还需做一个有“文化”的人、有自我意识的人、有思考的人、有为的人、快乐的人。教师成为自我实现的人，有研究者认为可从十个方面去实践：认识自己，有健康的体魄，对自己负责，检查自己的动机，诚实接受现实，运用成功的教学经验，融入教育事业，有改变自己的愿望，做好“与众不同”的心理准备，对自己的发展进行不断评价。

二、本真教育校本化教学的课堂模式建构

模式是主体行为的一般方式，包括科学实验模式、经济发展模式、企业盈利模式、课堂教学模式等，是理论和实践之间的中介环节，具有一般性、简单性、重复性、结构性、稳定性、可操作性的特征。教学模式是为完成特定教学目标而设计的具有规定性的教学策略，是在一定的教学思想或教学理论的指导下建立起来的较为稳定的教学活动结构框架和活动程序。陈家坪小学在本真教育校本化实践中，高度重视本真课堂教学模式的建构，形成了以主动学习为主体的课堂教学模式。

1. 当前课堂教学模式的研究概况

新课程在深化教学的过程中，伴随着高效课堂教学理念与实践的探讨，课堂教学模式的探究再次成为教学研究的关注点。课堂教学模式在古代是传授式，其结构是“讲—听—读—记—练”。近代教育理论建构的教学模式与古代有诸多不同，主要有以教师的“教”为主的教学模式和以学生的“学”为主的教学模式两大类。以教师的“教”为主的教学模式，如复习旧课—激发学习动机—讲授新课—巩固练习—检查评价—间隔性复习；以学生的“学”为主的教学模式，如自学—讨论—启发—总结—练习巩固。各种教学模式都包含着一定的教学思想以及在此教学思想指导下的课程设计、教学原则、师生活动结构、方式、手段等，在一种教学模式中可以结合多种教学方法，教学模式本身具有指向性、操作性、完整性、稳定

性、灵活性等不同的特点和性能，建构一种教学模式需要从"理论依据、教学目标、操作程序、实现条件、教学评价"等方面进行思考与实践。

我们寻找的"本真课堂"

指的是着眼于学生终身发展，以培养学生核心素养为目标，回归学习本质，以教学评一体化为特征，以逆向教学设计为导引，充满智力挑战，情趣盎然、点化人生，使深度学习真正发生，让学生和教师内在生命活力得到充分展示的课堂。

(1)本真课堂教学模式的建构现状

本真教育提倡人的自主、自由、自觉发展，其课堂教学模式强调以"学生主体、问题中心、发展本质"为宗旨，实施问题链导学的总体模式，力求解放学生和教师的智慧，把"问题的发现、问题的解决和问题的感悟"作为本真课堂教学的主要环节，以"我的课堂"教学模式建构形成了具有本真教育特色的课堂教学学生为主体的教学模式——"四学"模式。该模式的课堂建构要求回归生态，尊重学生求知规律，重视教学自然生成，践行自主、合作、探究、体验的学习方式，课堂教学目标达到实现"三个变化"：在学生认知上，从学会变会学；在情感态度上，从厌学变乐学；在课堂质效上，从平淡低效变优质高效。

(2)本真课堂教学模式建构案例分析

"四学"模式以人本主义教育理论为指导，以学生经验为中心，主张教育要一切为了学生，高度尊重学生，全面依靠学生。课堂教学活动强调学生主动发展，激发学生活力，挖掘学生潜能；课堂教学的基本原则是先做后学，先学后教，少教多学，以学定教，进而不教而教。"四学"中的不同环节：自学、互学、展学、查学与自主、合作、探究、体验对应，自学具有自主性、独立性，互学具有交往性、互助性，展学具有开放性、探究性，查学具有诊断性、发展性。以"学为主导四步阶进法"为例，其课堂教学依据"定向自学→交流展示→拓展深化→巩固训练"四个环节而呈现递进的教学方式。定向自学是指教师在向学生明确自学任务的基础上，让学生自主学习,这一环节可以有两种选择形式:一是课前自学,即教师向学生布置课前自学任务;二是课上自学,即自学任务在课上完成。交流展示是学生把自学的问题和自学的个人经验在小组或班上进行交流,交流需要用口头语言与书面语言相结合,部分问题可以让学生设计为问题链,学生之间进行问题的追问,以形成问题导学的学习心理准备。拓展深化是学生在教师指导下,沿问题导向进行有目标性的问题解答式的学习,对同一问题试着进行不同思维角度与方式的解答,加强对所学知识"举一反三"的运用。巩固训练是学生在知识运用的过程中,进一步明确问题的相关问题,能够针对问题之间的内在逻辑联系,由简单到复杂,由低水平到高水平地提高问题解决的能力。

2. 陈家坪小学本真课堂教学模式的探究

"回归教学原点,建设本真课堂"是陈家坪小学本真教育课堂教学校本化建设的一个指导思想,其教学核心理念在于"以生为本,遵循规律,尊重差异,回归教学本真"。课堂教学追求三类课堂教学的有机结合:知识课堂、能力课堂和智慧课堂;课堂教学指导学生重视三种学习方式的结合:自主学习、问题学习、能力提高学习;在课堂教学的组织上,强调"以学定教",要求教师的"教"建立在学生自主学习新知、自主发现问题、提出问题和解决问题的基础上,教师根据学生在自学中尚未解决的问题,作适时、适当的引导;在课堂教学效率上追求有效课堂和高效课堂,在效果上追求"真实、朴实、扎实",达成"真知、真用、真人、真情"的育人目标。

(1)回归教学原点的实践

叶澜教授说过,宁要真实的缺陷,不要虚假的完美,一个好的课堂要追求"扎实、充实、丰实、平实、真实"。回归教学原点,就需要建设本真课堂,一是要真实,不虚假不浮华,不追崇概念,要符合学生的身心发展和认知规律。二是要有学科属性,语文的听说读写、文本解读,数学的逻辑思想、解题思路,理化的实验探究、生活运用等,都是学科教学的本真。三是要有简化的教学形式,回归质朴,追求简约,如在数字时代板书仍然是重要的教学形式,个性化学习中小组合作仍然需要。

(2)建设本真课堂的重要路径

重要路径：一是要加强分层教学，教育家雅斯贝尔斯说“真正的教育应先获得自身的本质”，要让人的潜力得到最大限度的调动，本真课堂需要找准学生的最近发展点，并依此进行分层组成学习共同体，才能最大限度地开发出学生的学习潜能；二是要从学生的学习需要出发，注意学生的学习兴趣培养，爱因斯坦说过，兴趣是最好的老师，本真课堂需要充分运用好多媒体教学和互联网的网络化教学，提升学生的主动学习兴趣；三是要以个性教学为突破口，教师善于发挥自己的优势与特长，学生要依据问题而独立自主地发现、分析、解决问题，本真课堂强调“以学定教”，以实现课堂的有效、高效。

3. 本真课堂教学的学科案例

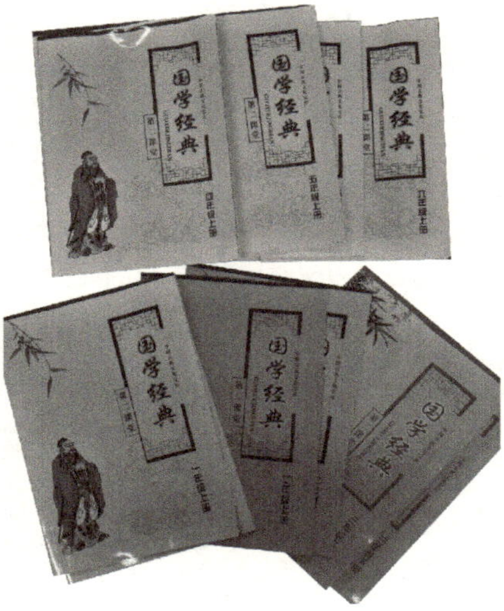

阅读教学是基础性课程的教学，在陈家坪小学的本真课堂教学过程中，一是学科教学内容的优化，通过课程标准解读、教材解读、学情分析，解决“教什么”和“学什么”的问题；二是学科教学方式优化，采用支架式课堂教学模式：搭脚手架—进入情境—独立探索—分组学习—效果评价，解决“怎么教”和“怎么学”的问题；三是自编学校《国学经典》诵读教材，诵读经典诗词、诸子典籍，开展丰富的诵读经典、书写经典、试讲经典等活动，激发学生学习祖国语言文字的兴趣，对祖国文字的热爱之情；四是重视阅读与写字结合，以写字教育

为突破口，开发出学校《同步写字天天练》(1—12 册) 校本练习册，每一册的内容与课文同步，包括课文生字、课文中优美词句的书写、书写提示等，让学生以该练习册为蓝本进行写字训练，并把“端端正正写字、堂堂正正做人”作为座右铭，紧紧围绕“面向全体、行书为主、整体联动、重在迁移”的总体思路，强化落实“立足课堂、科研治教、比赛促进”的工作举措，充分发挥写字教育显性与隐性功能，促进学生全面发展，提高整体素养。通过写字练习，学生热爱祖国文字，继承和弘扬中华民族优秀文化，养成良好的写字习惯，具备熟练的写字技能，并有初步的写字欣赏能力。

第四篇

本真教育学生学习的基本技能

本真教育的学生是德智体美劳全面发展的社会主义建设者和接班人，学生的学习能力提高是本真教育落实立德树人根本任务的关键问题。人民教育家陶行知提出：“千教万教教人求真，千学万学学做真人”，而学做真人，就是学会人的自主、自由、自觉发展。陈家坪小学把学做真人界定为学会“真知、真用、真人、真情”，并作为学生成长的目标，立足于学生求知识之真，求人性之真，求人才之真，并把浸润“忠孝、仁爱、信义、责任”作为德育之本。

一、本真教育中的学生学习认知

学生是指在学校登记注册并有其记录学业档案的受教育者，学生发展是指学生在遗传、环境和学校教育以及自我内部矛盾运动的相互作用下身体和心理方面所发生的量、质、结构方面的变化结果。本真教育的校本化实践，是结合不同学校的育人理念、育人课程、育人教学和培养目标，促进学生成长为建设者与接班人。陈家坪小学的本真教育校本化，坚持“立本求真，日进日新”的办学理念，基于“立足本源，探求真理”的课程理念，基于“为学生的终身发展奠基”的美好愿景，把“真知、真用、真人、真情”作为学生成长的目标，评价学生的学业质量重在有效学习、核心素养培养，以及学习能力提高和学习技能的掌握。

1. 有效学习

有效学习是学习的质量与效率提高，能够在学习过程中学会学习，有研究者认为有效学习是举一反三、精益求精、学以致用的学习。学生的有效学习，是指符合教育、教学原理的学习，花更少的时间，学到更多、更牢、更好的学习内容，用正确的学习方式达到事半功倍的学习效果的学习。加强学生的有效学习指导，是本真教育对学生学习技能培养，提高学习能力的一个重要要求。有效学习的指导，一是让学生“学一知十”，让学习变得更有趣；二是教师有效地布置作业，学生不处在题海之中，做尽可能少的题就能掌握尽可能丰富和牢靠的知识；三是学生的学习能借助有效的学习手段或较优的学习对策，适应知识快速变化的学习挑战，成为学习上的“常胜将军”。

(1)学生“学一知十”的学习指导

中国古代的《论语·述而》讲道：“举一隅不以三隅反，则不复也。”宋朝朱熹《答胡伯逢书》：“夫告往知来，举一反三，闻一知十者皆适。”其主要含义是比喻从懂得的某一方面类推而知道其他的，形容善于推论，能触类旁通、由此及彼，善于学习。学生的有效学习，首先是要能够做到有举一反三的学习效果。孔子是中国古代的教育家，他认为学生的举一反三的学习要求教师的教学必须是“启发式”教学而不是“填鸭式”“满堂灌”的教学。所谓“启发式”教学，就是根据教学目的、内容、学生的知识水平和知识规律，运用各种教学手段，采用启发诱导的办法传授知识、培养能力，学生积极主动地学习，以促进身心发展。孔子曾论述说：“不愤不启，不悱不发。”这里“愤”意为发愤学习、积极思考，然后想把知识表达出来；“发”意为明白其意、指导；“悱”意为积极思考后要表达而表达不清，则要求老师予以答其词，使其清楚，对教师来讲，应该通过自己的外因作用，调动学生的内因的积极性。有效学习指导的“启发式”教学，需要教师在指导学生学习的过程中，不是“授之以鱼”而是“授之以渔”，也就是教师在授课过程中应逐步引导学生掌握解决问题的方式方法，让学生直接参与探索教学，充分发挥学生的主观能动性，开发学生的创新能力，使学生在学习中有成就感。教育理论家曾明确指出：“最有效的学习方法就是让学生在体验和创造的过程中学习。”

（2）学生有效作业的学习指导

作业是教学的基本方法之一，是反馈、调控教学过程的实践活动，也是在教师的指导下，由学生独立运用和亲自体验知识、技能的教育过程。作业不仅可以加深学生对基础知识的理解，而且有助于形成熟练的技能和发展学生的思维能力。然而作业的教学过程中，常存在作业不会做、作业问题没兴趣、作业抄袭等现象，作业的有效性受到严重影响。如何发挥好作业的教学作用，特别是作业对学生学习技能与能力提高的作用，就是一个有效作业指导的问题。有效作业的指导，第一，要求教师把握好作业布置的四点：①必要性，要求学生必须完成；②针对性，对不同学生需要布置相应的作业，即分层作业或个性化作业；③可控性，即教师在布置作业的时候，应给学生留有自主活动的时间；④实效性，要考虑学生的差异性，做到科学、合理。第二，要求学生作业完成后教师应从“批阅”上把关，学生完成了作业后教师要及时、认真地加以批阅，从中获得研究并制订教学计划的反馈信息，并思考如何通过作业加强与学生的思想情感交流，如学生的作文批改,教师要从文章的立意、布局、表达、表现手法等方面有针对性、有重点地加以点评、指导,对文中出现的错别字、病句、句子不连贯、用词或修辞不当,乃至标点符号使用错误等,也都应一一指出,并要求改正。

(3)有效学习的学习对策指导

影响有效学习有很多的因素,如学习目标不明确,学习态度不端正,学习方法不科学,学习习惯不良好,学习时间无保证,学习无计划,学习意志不坚强等。提高有效学习的对策,就是如何消除这些不利的因素,如帮助学生制订明确的学习目标,端正学习态度,掌握有效的学习方法,保证学习的时间等。有研究者提出增强有效学习的教学对策为:教学专制化转变为民主化,学习程序化转变为个性化,被动接受转变为自主、合作、探究学习,学习空间由“点线”化转变为立体化等。

2. 核心素养培养

学生的发展是本真教育追求的目标,也是落实立德树人教育根本任务的具体内容。教育部《关于全面深化课程改革 落实立德树人根本任务的意见》提出了各学段学生的发展要求,把核心素养作为共同素养和综合考核学生发展状态的科学体系,明确学生应具备的适应终身发展和社会发展需要的必备品格和关键能力,突出强调个人修养、社会关爱、家国情怀,更加注重自主发展、合作参与、创新实践等核心素养的培养。为此,国家对于核心素养培养的要求成为本真教育质量提高的重点,也成为培养建设者与接班人的具体细化内容。根据中国学生发展的核心素养研究成果,中国学生的核心素养以科学性、时代性和民族性为基本原则,以培养“全面发展的人”为核心,分为文化基础、自主发展、社会参与三个方面,综合表现为人文底蕴、科学精神、学会学习、健康生活、责任担当、实践创新六大素养。

(1)小学生的核心素养培养

小学是学生发展核心素养的启蒙期,其教育的重点培养在于学生的主动参与意识和个性化能力的提高,有研究主张关键在于学生“学会做人、学会感恩和学会学习”三个方面素养的培养。人民教育家陶行知倡导生活教育，提出“千教万教教人求真，千学万学学做真人”。中国当代著名哲学家、教育家冯友兰曾说：“教育是使人作为人而成其为人，而不是成为某种人，是成其为真正意义上的完全的人的人化的过程。”小学阶段培养学生的核心素养，从文化基础、自主发展、社会参与三个要素上进行分析，有研究者认为培养的重点是“审美情趣、用于探究、珍爱生命、社会责任、劳动意识、乐学善学”六个基本素养点，同时在培养的方法与途径上主张，一是要确定好小学阶段的教育目标在于培养学生的核心素养，要立足于核心素养的培养建构课程体系，深入探索小学各个学科的核心素养及课程标准，提炼并总结出各学科的核心素养培养的课程内容，归纳不同学科教学培养学生核心素养的学科规律，拓宽教学模式，优化教学环境；二是要从学生发展出发，致力于教会学生相关知识点，注重培养学生的创新意识及创造能力，学校管理层与教师都应及时更新教学管理的意识及教学评价的手段，科学构建各年级学生不同科目的核心素养培养的评价管理内容体系；三是小学阶段要把学生的语言表达、自主管理、文化传承、学习习惯、个性需求等方面的素养作为课程育人的方案要素，增设核心素养课程资源，并以此建立一支研修一体化的教师队伍，推动小学教育深化课程改革，有效培养学生核心素养。

(2)本真教育培养学生的核心素养

知识经济时代的到来，提升核心素养成为人才培养的关键。本真教育的内涵依据信息化、数据化、教育现代化三化的新理念、新内容、新技术、新方法、新途径，可以认为其“本”有四个方面的内容：课程为本，学生为本，技术为本，发展为本；而“真”也有两个方面的重点内容：核心素养和创新发展。陈家坪小学把本真教育的教育目标细化确定为：立育人之本，立求知之本，立创新之本，求知识之真，求人性之真，求人才之真，在传递知识、增进经验、矫正习惯、培养兴趣、培养能力的同时浸润“忠孝、仁爱、信义、责任”，可以说是对本真教育校本化的科学认识与表述，其学生发展的“真知、真用、真人、真情”四真有丰富的内涵。

①学生发展的“真知”。真知二字源于“实践出真知”的哲学论断和陶行知先生的“教学做合一”的教育思想，学生发展的真知教育，是成为“品学兼优、爱学习、重实践、喜创新、讲诚信、会生活的真正的人”。陈家坪小学的真知课程建设和实践活动的开展，有“语言与表达”“数学与思维”“科学与创新”“艺术与审美”“社会与生活”“健康与体育”六个课程部分，有经典阅读、书写实践、花样跳绳、音乐二胡、舞蹈训练等多种选修课程的开设，注重为学生创设思维的空间，注意诱发学生积极体验，让学生自己产生问题意识，自己探究、尝试，修正错误，总结规律，从而主动获取知识，在探究中使学生获得“真知”的发展。

②学生发展的“真用”。学生学习的效果不仅是拥有了知识和技能，而且更重要的是具备了解决实际问题的态度和能力。学生的发展要具备解决真实问题的态度和能力，对于所学知识能做到“内化于心、外化于行”，成为真学真懂真信真用的学习者、研究者和传播者。小学生的真用，有三个方面的细化：一是能否提高自我的生活与学习管理能力；二是能否对身边的科学与人文问题有基本的认知与理解，对文本语言表述符合课程评价要求；三是对中华文化中的优秀内容有一定的了解和活动的参与兴趣，学习习惯得到好的培养。

③学生发展的“真人”。真人原本是指修道成仙的人，现实社会中毛泽东同志倡导的真人是：道德高尚的人，行为品质纯净的人，有利于人民事业的人；习近平总书记提出的真人是：实在的人，有思想信仰、科学态度、实干精神、能为人民谋利益的人。对在校学生而言，真人就是成为一个学会做事，追求真、善、美全面发展的人。陈家坪小学的真人是：有“忠孝、仁爱、信义、责任”思想和“立本求真，日进日新”行为能力的人。

④学生发展的“真情”。“人非草木，孰能无情”，有真情的人是有真实的感情、有真诚情义待人的人。学生发展的真情，是指教育要培养学生的亲情、友情、爱情，要做情义为先、有情有义的人。真心示人，真诚待人，学生应成为一个有情有义、讲求真情的人。

3. 学习能力与学习技能提高

现代的资源管理理论认为:学习能力是21世纪人才的重要标志之一,对儿童青少年而言,学习能力是与学校学习密切相关的一种能力,简单地说,就是听、说、读、写、算与交流的能力。学习能力是所有能力的基础,不仅含有学习的方法与技巧,而且还有丰富的学习心理内容。

学习技能是一种影响学生学习效率,并对学习过程有迁移作用的技能,它是学习能力中学习技巧的组成部分,有动作与心智技能两个方面的综合内容,对学生而言,可以区分为学习的听、说、读、写、计算、阅读、梳理分析等方面的技能。平时对学习技能总称为心灵手巧,就是指学习过程中心思灵敏,手艺巧妙,善于把握好学习思路和学习对策的独特技能,学习的效率比较高,学习的效果也比较好。

(1)学习能力的结构

构成学习能力的心理功能十分复杂,最基本的、由低到高分别为注意力、记忆力、思维能力、心理能力四大部分。注意力是学习能力中的基础能力,是人的智力活动和学习活动的总调度师,包括视觉注意力、听觉注意力和综合注意力;记忆力是智力和学习能力的核心能力,包括听觉记忆力、视觉记忆力、机械记忆力、意义记忆力、瞬间记忆力、短时记忆力、长时记忆力等;思维能力是高级的学习能力,包括反应能力和思维方法,反应能力是指思维反应的速度,思维方法是指形象思维、逻辑思维、对比思维等思维的方式与方法;心理能力指的是心理定向类型、自我确认、上进心、主动性、责任心、意志力、抗挫折能力、心理归因、情绪控制力、宽容、感恩、理解、合群等情商因素,是学习的动力系统。

(2)学习能力提高的对策

学习能力归根结底是学生自身发展的能力,学习能力提高是当代教育研究的一个重要课题,一方面学习能力为其他能力之基础,具有专业知识才能做出正确的选择与判断，避免走错方向；另一方面学习能力有学科学习的特点，语文学习能力与数学学习能力提高的对策有所不同，然而对学生学习能力提高，有研究者提出四点：一是转变观念，树立明确的“学材”意识，把“教材”转换为“学材”，把课本当“学材”使用，把着重点从过去的单纯研究教师如何去教转向现在的研究如何教会学生去学；二是摒弃包办式教学模式，对学生实行“三包”（包动脑、包动口、包动手）的做法；三是树立现代时间观念，确保学生在教学时间上的“自留地”，教师备课时要好好设计学生自学的内容与时间；四是树立民主意识，学生真正成为学习的主人，教师成为学生发展的引导者、促进者，对学生学习的全过程真正起到指导、帮助、协调的作用。

（3）本真教育的学习技能

本真教育强调学生的主动学习，以培养学生勤奋学习、主动学习、善于思考、大胆质疑的学习品质和良好学习习惯为根本目标，以学生真实、真正的发展为起点和依据，坚持“真教、真学、真发展”的教学原则，强调回归教学本真，追求真实、朴实、扎实的课堂本色和简约、灵动、高效的课堂境界，为学生的个性发展提供更多的选择。本真教育中学生的学习技能，主要有三个大的方面：第一是会学的技能，会学是对所要学的知识懂得如何学，如何有用地学，其技能包括会听、会问、会总结、会练、会学的学生，善于发挥自己学习的主观能动性，学习的主观能动性强和有独立学习的意识，有明确的学习目标，有良好的学习习惯，能根据变化而灵活地采用不同的学习方法，能对所学知识触类旁通，举一反三。第二是会用的技能，①问题明确，解决问题的对策适用，能够结合生活实际、学习实际、环境条件等有效地解决问题；②解决问题的技能，如解决学习中难题的技能，生活中的人际关系的技能等。第三是创学的技能，创学是一种创造性的学习，学习的过程是一个多阶段的学习过程，包括对环境的分析、提出问题、准备、产生思想，以及评价等学习活动，创学的技能，是一种心智技能，如发现学习的技能、思想活动聚焦的技能、评价自我学习效果的技能等。

二、本真教育中学生学习技能的培养

古人说:“授人以鱼,仅得一餐之饱;授人以渔,则终生受用无穷。”本真教育对学生学习技能的培养,就是基于授人以渔则终生受益无穷的要求,把对学生终身发展、可持续发展有影响的学习技能作为本真教育的重要任务。学生学习技能的培养,第一是一个技能学习的过程,技能学习需要不断地练习和掌握必要的方法,如书法是一种技能,它是在不断地练习和掌握一定的书写方法过程中形成的技能。第二是要遵循技能本身形成的规律,从低水平的动作技能向高水平、自主化的技能发展,也就是从技能向技巧转化。第三是要结合学科学习能力的提高,把技能的培养和学科学习能力的提高,以及如何有效地学习、高效地学习结合在一起,以促进学生本真学习质量的提高。

1. 技能学习

技能学习是人的学习中非常重要的一种学习,根据人的技能划分,技能学习分为动作技能的学习和心智技能的学习。

(1)动作技能的学习

动作技能的学习是通过领悟和练习逐步掌握某种动作操作程序的过程,一般经历四个学习阶段:泛化阶段,学习动作的初期,教师的讲解、示范以及自己的练习都作为一系列刺激,通过感觉系统传到大脑皮质的有关中枢使其兴奋,即在有关中枢间形成初步的暂时神经联系;分化阶段,随着学习的深入,大脑皮质暂时神经联系趋于稳定和完善,运动中枢对肌群的支配更加精确,有关中枢间的协调关系改善;巩固阶段,通过反复练习,大脑皮质有关中枢间的暂时神经联系得到进一步巩固和完善,形成较稳定的运动动力定型,动作更加精确、协调和省力;自动化阶段,随着运动技能的巩固和完善,大脑皮质已形成非常稳定的运动动力定型,即可出现动作自动化现象。

(2)心智技能的学习

心智技能的学习可概括为三个阶段:原型定向、原型操作和原型内化。原型定向是主体掌握操作性知识的阶段,学习任务主要是确定所学心智技能的操作活动程序,并使这种程序在头脑中得到清晰的反映;原型操作即依据心智技能的实践模式,把主体在头脑中建立起来的活动程序计划,以外显的操作方式付诸执行;原型内化即心智活动的实践模式向头脑内部转化,也就是动作离开原型中的物质客体及外显形式而转向头脑内部,借助于言语作用于观念性对象,从而对事物的主观表征进行加工改造。

2. 技巧学习

技巧是高水平的技能,主要表现为文学、工艺、体育等方面的高技能活动,核心是基本方法的灵巧运用。技巧学习本质上是技能的学习,但技巧的学习上有更多的方法选择和运用的知识掌握。能工巧匠的含义是指工艺技术高超的人,也就是有某方面技巧的人。书法本身是一种技巧,有书法功底的人,无论是在写字上,还是在平时的为人处世、待人接物上,都与其他人不同,至少他的字显得比普通人更与众不同。书法技巧分为笔法、结构和章法三类,基于其学习总体上有“读、摹、临、背、意、用”六字过程。“读”是读帖,读字的用笔方法、结字的方法、神采和通篇的章法等;“摹”是摹帖,用透明的白纸蒙在字帖上照着描写,就是我们通常所说的描红;“临”是临帖,把帖放在一边,一边看一边照着帖的写法进行练习,临帖要进行比较,就是把自己写的字同帖上的字进行比较,比较字的形态、短长肥瘦,字的用笔、结字及神采等;“背”是背临,试着不再看字帖,能够背着字帖写出与字帖上一样漂亮的字;“意”即意临,是再创造的过程,在背临的时候,融入自己的思想、理解、情趣、个性修养入书,进行再创造,最终走自己的路,形成自己的书法风格特点;“用”是在经过一段时间的学习后,在日常的生活、学习、工作中进行应用。

学习也是需要有技巧的,有学者总称学习技巧是学习策略,学习技巧有很多种,不同的学习技巧应用于不同的场合,如听课技巧、阅读技巧、记笔记技巧、考试技巧等。

3. 学习技能的培养

学习技能的培养主要是引导学生掌握必要的学科学习策略,有研究者认为学生入学时学校需要为新生提供学习手册，重点介绍常用学习技巧，包括如何阅读原文、收集与整理资料、做笔记、口头报告，一般写作技巧以及作文写作与发表要求等内容，帮助学生掌握有效的学习方法。关于学生学习技能培养的研究进一步表明，学生学习策略培养的方面主要包括六个方面：①自我管理指导，分为时间管理、资料收集与管理两个主题；②读书技巧指导，分为阅读技巧、写作技巧、课堂技巧、考试准备四个主题；③口语表达指导，分为口语表达、沟通技巧两个主题；④创意思考指导，分为批判性思考、创造力、问题解决三个主题；⑤学习态度指导，分为学习态度、压力管理、学习风格、学习动机四个主题；⑥传授学科锦囊，分为语言、计算、动手五大不同的类别。

（1）小学生学习技能培养

小学生的学习技能是学生应掌握的基本的学习技能，如制订学习计划、归纳整理知识、制作卡片、自编口诀等正确的学习技能。苏霍姆林斯基在教育实践中发现，绝大多数学生不会学习，最初是因为懒惰和懈怠，学生没有掌握基本的学习技能，最终才发展为不愿学习甚至厌学。小学生学习技能培养有学科学习的特点，如语文学科的学习技能分为八个方面：预习文本、默读、据词解义、懂点古文翻译、体会句子含义、为文本列小标题、根据体裁概括文章主要内容、学会一点环境描写等。

（2）本真学习技能培养

本真学习是学生基于个体的学习兴趣，着力于学习方法掌握和运用，自我学习管理和自我学习评价的学习，其学习技能可以分为三个方面：一是学习兴趣的培养，爱因斯坦主张兴趣是学生学习最好的老师，本真学习对于学生的兴趣培养是学习技能提高的需要；二是学习管理的技能，有时间性地管理，有方法地灵活运用，也有对于自我需要的控制和作业的反馈意识等管理的技能；三是学习评价的技能，学生的学习评价是一种监督与促进手段，如何有效地评价、及时地评价、把握评价的用语等，都是评价的技能所在。

第五篇

小学本真教育校本化的实践研究

本真教育的校本化研究主要是针对本真教育的学校管理、学校教学、学校队伍建设、学生的发展、学校环境建设五位一体整体建设的研究。陈家坪小学近五年来，通过学校的章程建设，学校的课程体系建设，学校的校本教研活动的开展，学生本真实践活动的丰富，以及书香活力校园建设等，着力于校本化的本真教育发展研究，从而在本真教育的理性思考与实践上获得比较好的研究效果。

一、本真教育的学校管理实践研究

本真教育的学校管理是针对学校立德树人根本任务完成的需要，以学校章程建设为核心，以学校规章制度建设为重点，把本真教育的理念落实到学校管理的各个方面上：课程管理、校园文化管理、教师队伍建设管理、家校共育管理和学生的发展管理。本真教育的学校管理核心应是对人的教育思想的管理，是围绕“真人”的培养目标而进行的科学管理。

1. 本真教育的人性化管理

现代化管理的核心是人性化管理。所谓人性化管理，是一种在整个管理过程中充分注意人性要素，以充分开掘人的潜能为己任的管理。人性化中的人性，有自然的人性，如物质的需要，情绪活动的表达等；有社会的人性，如受到尊重、爱美、社会性情感、语言活动等。人性化管理的具体内容，可以包含很多要素，如对人的尊重，充分的物质激励和精神激励，为人提供各种成长与发展机会，注重集体与个人的双赢战略，制订员工的生涯规划等。人性化管理有三个基本的规律需要遵循：一是行为后果的管理，二是长远目标的管理，三是人生价值的管理。研究表明，人性化管理细分为四个发展阶段：人际权力管理阶段、人际沟通阶段、合作管理阶段、奉献管理阶段。人性化管理的最终目标，就是追求全方位和谐发展。人性管理以“人性化”为标志，强调跳跃和变化、速度和反应、灵敏和弹性，注重平等和尊重、创造和直觉、主动和管理精神、远见和价值控制，依据信息共享、虚拟整合、竞争性合作、差异性互补、虚拟实践社团等，实现知识由德到显的转化，创造竞争优势。人性化管理有三个基本的要点：一是以人为本，把人作为管理的起点和终点，人的基本需要有生存与发展的需要，人同时有对成功与自我实现的追求需要，以人为本，就是尊重人的需要，满足人的需要。二是以人的认知协调为本，认知是人对于客观世界及他人的一种识别与理解，更是一种态度，管理基于人的认知，就是管理要把人对于客观世界的识别与态度作为重点，努力于人的认知与管理的目标协调一致。三是以人的有所作为为目标，人是世界上第一宝贵的资源，充分开发利用人的资源，让人的资源得到最大限度的开发利用，促进人的有所作为，是管理的目标。

（1）人性化管理的校本实践

陈家坪小学的本真教育人性化管理，追求“立本求真，日进日新”的管理理念，对管理中的人——教师、学生、家长、社会公众，强调立本，也就是重视人的“崇尚美德，追求至善”之本。美德是一种高尚的道德，人的美德在于人对于人，人对于自然，人对于社会的一种尊重，中国人素有“孝顺、礼貌、忠诚、节制、勇敢、正义、慷慨、怜悯、仁慈、感激、谦虚、宽容、真诚、勤奋、坚忍、积极、善良、乐观、礼让、勤俭持家”等多方面的美德；美德也在于人的一种自我发展的力量，如勇气、自信、友情等，当一个人具有美德的时候，他看起来就会更年轻、更有活力，为人也更亲切，美德的拥有者会更加体验到人生的幸福。目前研究发现，中国人主要存在三大美德优势，分别是人际美德、谨慎美德和活力美德。本真教育的校本化管理实践，提倡崇尚美德，就是要以美德作为管理的最高目标，培养和教育人具有美德的素养。管理的第一要素是促进人的发展，本真教育的学校管理以人的发展为出发点和归宿点，充分尊重教育规律和人的身心发展规律，运用科学有效的手段对人进行道德引领、学识培养、心智开导和人格塑造，其最大特点就是以人为本、尊重规律、发展潜能、因势利导，使人性得到解放与张扬。

至善是对人性中和谐善美的表现，因为善本身是吉祥如意、美好的意思，用羊的美味和动听的语言对待别人就是善，至善是最好的善，也是最大的善，管理中追求至善，就是要用最富有人情味的管理方式，最讲究语言知觉效应的管理语言去对学校中的人和事进行管理。陈家坪小学倡导至善管理，有三个方面的实践：一是对于教师的管理讲求至善，如在“陈家坪小学‘青蓝工程’实施方案”中，重视“以老带新、以新促老，师徒结对、共同提高”的青年教师管理；二是对于学生发展的管理讲求至善，如学生的“真知、真用、真人、真情”四真目标管理；三是对于课程建设的至善管理，如在课程建设的总体思路上讲究“一核、两规、三全”：“一核”是以核心素养为核心，“两规”是遵循规律和整体规划，“三全”是全科育人、全程育人、全员育人。

(2)人性化管理的校本特色

陈家坪小学的本真教育人性化管理,具有“日进日新”的校本特色。中国古代《二程遗书》提到,“君子之学必日新,日新者日进也。不日新者必日退,未有不进而不退者”。其意是,人的学习要不断地追求新事物新知识,追求新事物新知识的人就会每日都有进步,人的学习,每天必定要有新的收获,每天有收获的人每天都会有进步。日进日新对学校管理而言,就是每时每刻都需要管理者关注人的需要变化,都要学习新的管理科学知识,都要把人的改变、人的发展作为管理者努力工作的动力。陈家坪小学的人性化管理,从日进日新的特色上分析有三个方面的重要表现:

第一,对“本真”内涵理解上的特色。本真是对于人的本质理解,也是对于人的认识的不断深化,陈家坪小学最初提出本真,缘于陈家坪小学的前身是热水瓶厂子弟校,2002 年移交给高新区教育委员会才更名为陈家坪小学。学校地处城乡接合部,生源 70% 为外来务工人员子女,学生淳朴好学,但基础条件与学习条件不够,因此学校教育要善于发挥学生好学的本性,经过课程改革与学校特色文化建设,对于本真的理解得到了不断的深化:①在于学校的资源优势分析,如地处城市中心,信息资源与互联网教育的优势;②在于学生发展的本源性素质教育,如学生参加社会实践活动的区域性教育所在;③在于学校教育的根本任务是立德树人,其主要途径是课程育人,其重点是学生核心素养的培养。

第二,对于本真教育校本化的实践特色。校本化是学校本真化,也是一种课程建设的个性化,校本化有三个方面的特点:①课程建设的特点,陈家坪小学的课程特点在于重视学生成长并成为未来人才所需要的七种能力:问题解决与批判思维能力,合作与领导力,灵活性与应变力,首创精神与创新能力,有效的书面与口头沟通能力,信息的获取与分析能力,好奇心与想象力的培养;强调课程“以儿童为中心”的教育,追求的是立育人之本,立求知之本,立创新之本,求知识之真,求人性之真,求人才之真,在传递知识、增进经验、矫正习惯、培养兴趣、培养能力的同时,浸润“忠孝、仁爱、信义、责任”的思想。②学校管理文化建设的特点,陈家坪小学管理

文化的特点在于人性化管理,把学生的“终身发展”奠基教育作为管理文化建设的理念,管理过程中强调以生为本,以人性化管理途径为本,人的发展目标以全面发展和核心素养培养为本。③学校团队活动开展的特点,学生的团队活动以兴趣和个性发展为重点,以书写技能和阅读活动开展为主线,以动手动脑相结合为主要内容,强调掌握书写的基本技能,开展阅读活动强调四个结合:学习语言与人文熏陶相结合、阅读理解与领悟表达相结合、阅读与发展学生思维相结合、阅读与培养学生良好学习习惯相结合,让好习惯伴随学生终生。

第三,对于本真教育校本化的研究特色。陈家坪小学积极申报市级科研课题“本真教育的校本化实践研究”,主要从“课程体系、教师教学、学生活动、校园文化、环境优化”五位一体的素质教育校本化开展课题研究,总体目标为:学校深化教育改革,建构本真教育体系和追求本真教育特色;具体的研究目标为:培养本真教师队伍,形成学校“本真教育校本化实践”的教育特色。完善本真教育校本化的理论与实践。研究的重点内容是小学本真教育校本化的基本认识、发展途径和对策的研究,以及小学本真教育校本化实践物化成果与学生学做“真人”内容与评价的研究。

2. 本真教育依法治校的管理实践

本真教育走向现代化、面向世界、面向未来,起点在于建设好法治校园。俗话说,没有规矩,难成方圆。教育部《关于加强教育法制建设的意见》及《全面推进依法治校实施纲要》成为陈家坪小学推进依法治校管理的重要依据。学校依法治校,根本任务是落实立德树人,贯彻执行党的教育方针,全面实施素质教育;学校依法治校,是要建立以章程为总纲的治理学校的规章制度,把依法维护校长法人地位,师生行为的权利和义务,学校教育教学的法制保障等落实到学校的管理过程中。

(1)依法治校的管理认识

依法治校是依法治国在校园管理中的具体化,其主要的要求是建设好法治校园。建设法治校园一方面是完善学校管理机制、提高教学质量的需要;另一方面更是构建一个安全、和谐的校园所要求的。法治校园,表现为四个方面:一是建立学校的章程,根据章程内容组织建设学校的校园文化、校园管理和改善校园的育人环境条件;二是依法依规开展课程育人活动,建立适应学生终身发展,符合学生身心规律的课程体系;三是理顺学校与社会、教师与学生、管理与质量等各个方面的关系,建立协调一致的学校、家庭、社会三者统一的教育体系,确保学校教育的主体作用;四是明确学校的法人地位与校长的法人代表作用,坚持校长负责制与民主管理,党组织监督保障和家长委员会参与管理等,建立科学性、校本性强的现代学校的管理制度。

(2)依法治校的章程建设

章程是组织、社团经特定的程序制定的关于组织规程和办事规则的规范性文书,是一种根本性的规章制度。章程具有稳定性和约束性。学校章程是学校内部治理的"宪法",是学校制度的总纲,是学校自主管理、自我发展、自我约束的一个最基本的规范性文件,其制定与使用要体现"四要素":章程整体的"合法性",章程制定的"民主性",章程文本的"规范性",章程内容的"特色性"。2010 年 7 月,中共中央国务院颁发的《国家中长期教育改革和发展规划纲要(2010—2020 年)》从不同维度对学校章程建设提出要求,"推进政校分开、管办分离。适应中国国情和时代要求,建设依法办学、自主管理、民主监督、社会参与的现代学校制度,构建政府、学校、社会之间新型关系"。"完善中小学学校管理制度……实行校务会议等管理制度,建立健全教职工代表大会制度,不断完善科学民主决策机制"。"大力推进依法治校。学校要建立完善符合法律规定、体现自身特色的学校章程和制度,依法办学,从严治校,认真履行教育教学和管理职责"。

(3)陈家坪小学的章程建设

陈家坪小学的章程建设总体指导思想是,规范学校内部管理体制和运行机制,推进学校依法治校,建设现代学校制度。学校的办学理念是,“立本求真,日进日新”,其内涵理解为:表达“以人为本”的教育终极关怀和“有教无类”的教育平等观念,尊重每一个学生作为具体的“人”的主体存在,人人平等。学校的办学目标为:坚持全面贯彻党的教育方针,以学生发展为本,充分挖掘每位师生的潜能,培养具有健全人格和独立个性的受社会认可的现代合格公民,努力把学校建设成为教师乐教、学生愿学、家长满意、具有地域特色的学校。学生的培养目标是有着健康的体魄和积极心理品质,并养成良好的习惯,保持学习的积极性与主动性,成为具有健全人格和独立个性的受社会认可的现代合格公民。总体要求是落实“依法办学、自主管理、民主监督、社会参与”的现代学校制度建设。

二、本真教育的学校教学实践研究

学校的教学是学校教育工作的中心,教学本身是对于学生学习的指导与促进,传统的教学以教师的教为中心,教师是教学的主体,学生的学习处于被动接受,学习效果评价对于学生的学习指导与评价作用发挥有限。新课程改革,不仅是教学内容与方式的改变,更重要的是教学理念与教学方法的改革。在教学理念上强调要以学生为中心,以学生为教学的基本出发点,以学生的学习方式转变为根本的教学方式,以学生的学习技能提高,学习策略的掌握为重点,也就是我们常说的要“授人以渔”而不是“授人以鱼”。

1. 学校教学的科学认识

学校教学是根据教书育人的需要,依据课程育人功能发挥的要求,由教师与学生组成在一起共同进行知识学习与能力培养的活动。学校的教学有其独特的教育内容,有其基本的教学方法和教学的基本环节,教学更有其教学效果的评价标准和科学的教学思维导向。现代学校的教学,不仅是传统的班级教学,而且出现了网络化教学、个体性教学、小组合作的共同体教学等多种教学的形式。人类对于学校教学的认识,经历了不同发展阶段:最原始的私学——不正规的教学;课堂教学——教学的基本形式;现场教学和个别指导——教学的辅助形式;复式教学——教学的特殊形式;多媒体教学——教学的电教化形式;个性化教学——互联网学习形式。教学的根本目的是促进认知的发展、心理品质的形成和能力的提高。有教学研究者提出教学的最高境界是引导学习者思维方式的转变,核心是思维能力的培养。

(1)本真教育的教学研究

本真教育理论指导下的本真教学主要是本真课堂教学和本真主题活动的开展,其教学研究也主要是针对本真课堂教学与本真主题活动开展的研究。本真课堂教学是以生为本理念指导下的教学,是促进学生主动学习、深度学习和创新学习的教学。本真课堂教学以学生的核心素养——学习能力与学习品质的培养为目标,以学生的自我觉醒、自我完善为重点,强调课堂教学设计五个方面的指向标准:一是教师必须运用小组教学,化整为零,指导学生通过小组合作、探究、展示环节等进行教学;二是教师必须要深入了解学情,掏底学生短板,尤其要找准后进生,并想办法引导其学会;三是教师对课堂的调控,必须做到“真教、真导、真练、真管”,学生必须达到“真学、会学、学会、乐学”;四是教学内容设计上必须规范、科学;五是要求课堂教学效果好,学生当堂达标率高,学习氛围浓,精气神足。本真课堂教学的教学环节为四个环节:自学、互学、助学、展学,其中的自学是教师引导下的先学,主要是阅读、收集与课程文本相关的学习资源,从学生的学习需要出发进行的学习准备;互学是学习小组或学习共同体开展的学习,学习中的分工分角色学习是互学的基础,而交流先学中的问题,先学中的学习资源是重点;助学是教师、学生之间的对话,结合文本而进行的一种学习的整理,知识的具体化与初浅的运用;展学是学生个体、学生小组、学生共同体对于学习效果的展示,更是学习问题的再次深化,也是下次先学的基础。本真课堂教学的评价,主要是学习过程的评价、学习效果的评价指标落实到两个重点方面:学习能力的培养与学习良好品质的养成。

本真教育对于学生的主题活动开展，是结合学生做“真人”的实践需要，让学生学会生活、学会与人交往、学会表达自我。其主题的确定，有三个方面的要求：一是学生的兴趣指向。小学生的兴趣多是直接兴趣，如何把直接兴趣转变为间接兴趣，如何组织学生参加兴趣活动，这是确定学生主题活动的要求。二是学生的学习态度。小学生的学习态度倾向于外显而内向性不够，如何把外在的积极态度转变为内在的积极学习的心态，如何组织学生以积极的态度参加活动，这也是确定学生主题活动的要求。三是学习习惯。小学阶段好的学习习惯是在活动中培养，在做中培养的。好的习惯能让学生获得终身的学习能力。如何确定学生的活动有利于习惯培养，如何组织习惯培养的活动，更是本真教育的学生主题活动开展的要求。

（2）校本特色的教学研究

校本特色的教学研究有专家称为校本教研或本真教研，它是基于教学、在教学中、服务于教学的研究，也是针对本真教育教学化的一种实证性的课题研究。教育的教学化，一是指教育内容的教学化，也就是把课程标准转变成为教学内容和学生学习内容的过程；二是指教育方法的教学化，如课堂教学方法中的启发式、讨论式，实际是教育方法中的问题发现与问题明确的方法；三是指教育形式的教学化，班级教学、多媒体教学、个性化教学等，都是教育形式的教学化。有研究者认为，教学化有三个方面的转化：一是课程标准的转化，也就是教材文本从平面化转化为立体化，教材内容从简单转化为丰富；二是教师知识与能力转化为学生的知识与能力，是学生变被动学习为主动学习的过程；三是学生知识与能力的转化，是指导内在的素质转化成为实践的经验，精神变物质的过程。

陈家坪小学在培养学生做人“四真”的教学研究中，以学生在“兴趣”“特色”中陶冶情操，学会做人，做到修身养性；以学生在实践与体验中学会学习，做到心灵手巧；以学生在美的艺体活动中学强健体魄，做到乐学上进。学会做人、学会学习、学会健体是本真教育教学化的三个方面的要求，学会做人以写字课程作为突破口，要求学生立字立人，以“端端正正写字，堂堂正正做人”为主题进行书写基本功训练；学会学习以诵读课程实施作为突破口，要求学生开展“课前一吟”活动，做到“读而常吟之”，“学而时习之”；学会健体以七彩课程实施为突破口，要求学生在阳光下自由呼吸，健康成长，建构“七色社团”的网络体系，引领每一个孩子踏上七彩之旅，让学生在七彩校园内体验快乐、感受和谐、施展才能、健康成长，释放出最快乐、最真挚、最成功的光芒，最大限度地展示自己的潜能与才华。

2. 本真教育教育研究的实践反思

本真教育的教育研究，一是理念的转变，教师要强化“面向全体，主动发展”的教学观，树立“每一个学生都能学好”的教育理念，努力使每个学生都得到发展。二是课堂教学方式的转变，教学要构建起以“以生为本、以学定教、主动学习”的教学策略，以“改变学生学习方式”为抓手，以“立本求真，日进日新”为学校特色课堂教学模式，努力提高课堂教学效益。三是注意形成科学的教学模式，以“激趣导学—探究解疑—训练巩固—总结反馈”为教学设计的主线，精心组织听评课活动以及课堂教学实录的分析研究，通过优秀教学设计、优质课、优秀论文、优秀课件和优秀课题的评选活动，不断总结推广“立本求真，日进日新”课堂教学模式。本真教学校本化，一是教学目标变“让学生学会”为“让学生会学”；二是教学方式变“知识灌输”型课堂为“能力培养”型课堂，教师少讲多问，学生多思多练；三是教学方法变“威逼利诱”和“空洞说教”为学生提供切实有效的学习方法。本真教学的创新发展，一是要在“导”字上下功夫，具体研究“引导、指导和疏导”三项教学对策；二是要在“学”字上做文章，先学、自学、互学、研学、展学，学会学用都是学的研究。

三、本真教育学校教师教育的实践研究

依据中共中央、国务院《关于全面深化新时代教师队伍建设改革的意见》（中发〔2018〕4号）：“教师承担着传播知识、传播思想、传播真理的历

史使命，肩负着塑造灵魂、塑造生命、塑造人的时代重任，是教育发展的第一资源，是国家富强、民族振兴、人民幸福的重要基石。”百年大计，教育为本；教育大计，教师为本。本真教育以教师的发展作为学校开展本真教育的基石，强调建设一支本真教师队伍：立教师发展之本，求教师发展之真（真心　真爱　真师表）。

1. 立教师发展之本

教师发展是指教师通过专业能力提高，以及对于教育事业的理想信念的树立而发生的变化，教师发展主要有三个方面的改变：一是教师的专业能力或者是教书育人的能力在教育理论学习、教学实践活动、校本培训和学术交流过程中得到提高，表现为对于教育教学技能的掌握运用，对于学生指导管理能力的提高，对于本学科知识、方法与评价有专业的意识与专业的语言表达。二是教师的教育理想或者教育信念得到树立，对于教育教学有自己的理解与认识，教师不仅会教书，而且对如何指导学生会学、乐学有一定的教育思想与方法。三是教师的教育态度或者是教育情怀的深化，教育态度是教师对于教育的一种体验、一种选择和一种教育情感的表达方式，积极的、向上的教育态度是教师发展所追求的。立教师发展之本，就是要把教师的三个方面改变作为教师发展的要求，加强对教育理论的学习，加快对教育技能的掌握运用，加强对教师的教育信念和教育态度的深化教育。

2. 求教师发展之真

教师的发展之本，是指教师发展有其内在的规律性，教师发展需要教师的主动性、教师的自我反思性和教师培养的科学有效性。求教师发展之本，也有三个主要方面：求教师发展的内在规律性，求教师发展的自我主动性，求教师发展的校本培训的科学性。

（1）教师发展的内在规律性

教师发展的规律性是指教师的成长有其内在的阶段性，也有其发展的主观能动性，更有其发展专业内容。

从教师发展的阶段性上讲，教师发展一般经历六个不同的成长阶段：

适应期——对象为新手教师，指工作 1～3 年、教学技能不熟练、缺乏教学实践经验的教师；熟练期——对象为合格教师，指工作 3～5 或 8 年、有了初级职称、教育教学技能比较熟练，但专业知识掌握不够系统、教学经验不够丰富、教学内容深度不够、对学生缺乏系统了解的教师；成熟期——对象为熟练教师，指工作 10 年左右、有了中级职称、经验比较丰富，但教学尚没有自己的特色和风格、缺乏学科教学思想的教师；发展期——对象为成熟教师，指工作 15 年以上、获得了中学高级职称、经验丰富、有一定教学风格的教师；创造期——对象为市骨干和学科带头人、有一定的教学思想和教学特色，但还不够系统深入的教师；创造后期——对象为特级教师或专家教师，专家教师指获得特级教师称号或为具有潜力的学科带头人。

从教师发展的主观能动性上讲，教师的发展本身是一个主观能动性发挥的过程，虽然影响教师发展有很多的因素，如教育机制体制、建构方式、教育教学理念、科研水平、创新能力等，但教师发展根本的动力来自教师本身的主观能动性，也就是教师天生的学习能力。教师天生的学习能力，一是其适应生命活动需要，积极建构协调统一的新陈代谢能力，可以说它是一种内在的生命活动能力；二是其作为教师的一种生活需要，通过不断的思想与情感的交流，教师的生活内容不断地丰富与充实，正是学习促进了教师素质的提高；三是教师的专业化或者说是教育能力的提高，核心的内容就是学习能力的不断发展，有人说教师发展的核心素养培养，其实根本的是如何促进教师的学习能力提高，作为一种潜能，激发教师的学习能力是教师管理与评价的根本。

从教师专业发展的内容上讲,国家印发了教师专业发展的标准。2012年2月10日,教育部关于印发《幼儿园教师专业标准(试行)》《小学教师专业标准(试行)》和《中学教师专业标准(试行)》的通知(教师〔2012〕1号),通知中关于小学教师的专业标准是,师德为先——热爱小学教育事业,具有职业理想,践行社会主义核心价值体系,履行教师职业道德规范,依法执教;关爱小学生,尊重小学生人格,富有爱心、责任心、耐心和细心;为人师表,教书育人,自尊自律,做小学生健康成长的指导者和引路人。学生为本——尊重小学生权益,以小学生为主体,充分调动和发挥小学生的主动性;遵循小学生身心发展特点和教育教学规律,提供适合的教育,促进小学生生动活泼学习、健康快乐成长。能力为重——把学科知识、教育理论与教育实践有机结合,突出教书育人实践能力;研究小学生,遵循小学生成长规律,提升教育教学专业化水平;坚持实践、反思、再实践、再反思,不断提高专业能力。终身学习——学习先进小学教育理论,了解国内外小学教育改革与发展的经验和做法;优化知识结构,提高文化素养;具有终身学习与持续发展的意识和能力,做终身学习的典范。

(2)教师发展的自我主动性

教师发展可以认为是一个教师成长变化的过程,也就是教师通过从事教育教学工作,在不断地学习、实践、反思和研究的过程中,自身的业务水平、业务能力和工作业绩不断地提升的过程。教师的成长变化主要有三个方面特征:一是成为合格教师,二是成为骨干教师,三是成为学科带头人或教育家的教师。

①教师成为合格教师。合格教师是依据教师发展的专业标准考核达到合格的教师,其应在多方面具备相应的条件,如具有坚实的学科知识、

必要的教育知识、良好的师德修养、掌握了教育的基本方法技能、对所教的年龄层次学生身心有足够的了解等。有研究小学合格教师的成果表明小学合格教师的素养主要有：一是职业道德素养，如热爱教育事业、热爱学生、热爱学校、热爱所教学科等；二是文化科学素养，如学科专业知识、基本的教育理论、基础的教育科研的方法、相关学科知识等；三是业务能力素养，如全面深入地了解学生的能力、进行思想品德教育的能力、钻研课程标准与教科书的能力、课堂教学的能力、组织课外活动的能力、教研与科研的能力等；四是教育心理素养，如具备良好的身体和心理素质等。

②教师成为骨干教师。1962 年 12 月，教育部《关于有重点地办好一批全日制中、小学校的通知》对骨干教师的界定为：中小学骨干教师是指在一定范围的教师群体中，师德修养、职业素质相对优异，有一定知名度、被大家公认的、具有较为丰富的中小学教育经验，在学校的实际教育教学活动中承担了较重的工作量，对教育研究方面有一定兴趣和较为突出的能力，取得过一定的教育教学研究成果，并对一般教师具有一定示范作用和带动作用，能够支撑所在地区或学校的学段或学科教学和教学研究工作的中小学优秀教师代表。小学骨干教师的研究表明，“带头学习、带头研究、带头实践”是小学骨干教师的主要作用，而“成为师德的楷模、教学的能手、研究的专家、优秀教师团队的引领者”则是小学骨干教师的具体培养的素质要求。目前全国各地都高度重视骨干教师的培养与管理，如对于骨干教师的权利有地方制定了优先的政策：优先享有骨干教师攻读硕士研究生机会；优先选派骨干教师参加名师名校长培养对象培训；优先选派骨干教师到国内外知名大学培训进修或做访问学者；优先推荐骨干教师到基层挂职锻炼；对生活有困难及患重病的各类骨干教师，学校和各级教育行政部门及工会要给予重点帮扶照顾等。

③教师成为学科带头人。学科带头人教师是能够带领、指导和组织教师开展某一学科的研究，属某一学科领域有专长的教师，对一般教师具有一定示范作用和带动作用，对教育研究方面有一定兴趣和较为突出的能力，取得过一定的教育教学研究成果的专家。学科带头人不是一种职

称或职位，没有统一的标准。各地对于学科带头人的考核标准不一定相同，但都有基本的考核内容，如指导本专业的整体建设规划和教学改革，教学计划、教学大纲和实践技能培养方案的制订与修订；负责本专业教学质量监控；负责骨干教师和青年教师的培养，通过讲座、答疑、以师带徒等形式对骨干教师和青年教师进行指导，每位学科带头人固定帮带2人以上至少承担一门本专业教学任务，在教学研究方面发挥引领作用；每学年在全校范围内组织1～2次学术讲座、教育教学研讨会等，指导和带动本学科建设，指导本专业校本教材、实训指导手册的开发和试题库建设；每学年至少在市级以上刊物发表一篇论文或获得一个市级以上教科研项目一等奖奖项；两年任期内至少参加一项市级以上科研课题，且有较突出的研究成果等。

教师发展的自我主动性，是根据不同层次教师的基本标准，对教师进行师德教育，引导教师由低层次向高层次教师发展。教师发展的自我主动性表现为三个方面：一是自我发展的意识方面，教师应当对不同教师发展的标准有具体的了解，并能依据标准而进行教育教学活动；二是自我发展的教育教学能力提高方面，教师需要具备必要的教育教学能力，对小学教师而言，需要具备课堂教学设计、教学活动指导与管理、教学效果评价等方面的能力，教师要自觉提高这些方面的能力；三是教师思想的积累方面，教师是教育理论与教育方法的掌握运用者，教师更是一个创新教育教学实践而不断积累教育思想者，做一个有思想的教师，成为一个有教育教学风格的教师，正是教师成长最为核心的要求。

(3)教师发展的校本培训的科学性

校本培训是以校为本，以教师发展为本，以提高教师教育教学能力或

最有力开发教师学习能力为本的培训。以校为本，是不同学校有不同教师的学历结构，有不同学科教师的教育教学实践问题，有不同的教育深化改革发展的近期与远期的目标，有不同的课程体系建设的需要，开展教师培训，其侧重点与培训考核的具体要求不尽相同。以教师发展为本，是学校依据教师的学习能力潜能开发，以教师的资源利用最大化为要求，在培训内容、培训方式、培训管理考核、培训结果的使用上，以教师提高素养，获得能力为总体目标，细化培训方案与培训的过程。以开发利用教师学习能力为本，是从教师自我主动发展的意识强化，教师教育教学能力的结构优化，教师师德素养为德高为师方面制订培训计划，落实培训活动内容，组织教师培训工作，开展教师培训活动等。

第六篇

本真教育深化改革的校本化思考

深化教育改革是全面深化改革中的一个重要方面，也是贯彻落实党的教育方针，提高教育质量的重要途径。本真教育的校本化实践，在深化改革的过程中，集中表现为学校对于立德树人根本任务的深化理解，对于校本课程建设资源的深化开发，对于学生科技与人文素养培养的深化研究和学校办学特色的深化创新。

一、本真教育深化教育改革的校本化理解

中共中央国务院《关于深化教育改革,全面推进素质教育的决定》指出,全面推进素质教育,是我国教育事业的一场深刻变革,是一项事关全局、影响深远和涉及社会各方面的系统工程。同样中共中央办公厅、国务院办公厅在《关于深化教育体制机制改革的意见》中也指出,深化教育体制机制改革,要全面贯彻党的教育方针,坚持社会主义办学方向,全面落实立德树人根本任务,构建以社会主义核心价值观为引领的大中小幼一体化德育体系,注重培养学生终身学习发展、创新性思维、适应时代要求的关键能力,统筹推进育人方式、办学模式、管理体制、保障机制改革,使各级各类教育更加符合教育规律、更加符合人才成长规律,更能促进人的全面发展,着力培养德智体美劳全面发展的社会主义事业建设者和接班人。因此,教育深化改革,有三个方面的要求:一是全面实施素质教育,落实立德树人根本任务的要求;二是培养学生终身发展能力与创新思维,促进学生全面发展的要求;三是教育体制改革,统筹推进育人方式、办学模式、管理体制、保障机制改革的要求。

1. 立德树人根本任务的理解与落实

立德树人有两个重要的内涵:一是立德,就是坚持德育为先,通过正面教育来引导人、感化人、激励人;对学生而言,就是传承中华优秀文化,践行社会主义核心价值观,形成终身发展必要的品格,如自主发展、社会参与、科学精神等。二是树人,就是坚持以人为本,通过合适的教育来塑造人、改变人、发展人;对学生而言,就是每一名学生都能获得成功生活、适应个人终身发展和社会发展需要的、不可或缺的共同素养。基础教育要落实立德树人根本任务,必须推进德智体美劳全面培养的教育思想与开展全面培养的教育实践活动。德育是基础教育的第一位,具有根本性和引领性的作用,需要从做好小事、管好小节起步,踏踏实实做好学生的思想品德教育,培育和践行社会主义核心价值观,做到明大德、守公德、严私德,成为有大爱、大德、大情怀的人。智育的基础教育的关键在于是提

升学生学习能力、实践能力和创新意识的重要途径，要倡导启发式、探究式、讨论式、参与式教学，激发学生的好奇心和创造力，引导学生敏于求知、勤于学习，独立思考、勇于探索，全面培养善于求真理、悟道理、明事理的能力素养。体育、美育和劳动教育，是学生强健体魄、塑造人格和磨炼意志的教育，必须建立刚性管理机制，确保体育、美育和劳动教育有时间、有空间，发挥“文明其精神，野蛮其体魄”，培养学生综合素质的教育作用。

2. 本真教育与立德树人任务完成

本真教育是以“三本”为核心的教育：一是以生为本的教育，是教育立足于学生的发展，求学生的全面发展的教育；二是以校为本的教育，是每所学校都要整合课程内容，调整课程结构，统筹课程资源，形成适应学生、教师、社会三方面相结合的学校教育优化体制的教育；三是以“立德树人”为本的教育，是把学生的发展、学生的教育放到立德树人任务中，尊重教育规律、教学规律和学生身心发展规律，在完成“立德树人”任务中促进学生全面发展、健康成长的教育。

(1)本真教育的人本化

人本化教育理念是人本主义思想与理论在教育管理与教育质量评价中的先进理念，主张教育管理要以人为本，教育质量评价要以人性为本。美国心理学家马斯洛是人本主义思想与理论的重要代表，其关于人的需要层次理论，关于人本主义管理的思想，对于现代社会的管理与质量评价产生了深刻的影响，被称为当代人本主义运动的第三势力，展现出了它作为个体人文精神和发展主导力量的优势。马斯洛人本主义理论与思想主张是，人作为一个生物体与社会体的结合，他不是简单地由外界力量或是无意识动作所控制的，而是受他们自己的价值观和选择性所支配的，人本是以人为本、人为根本、人性为本等。在学校的教育中，人本落实到学生身上，必须体现为：学生是发展中的人、学生是独特的人、学生是具有自主性的人、学生是独立的人。本真教育立学生之本，就是要坚持教育以学生为本的管理与评价的要求。本真教育的人本化特征，是以学生的发展、学生的自主与个性、学生的人文精神为本质的教育特征。

(2)本真教育的校本化

华东师范大学教育学博士郑金洲在《走向“校本”》中认为校本：一是为了学校，二是在学校中，三是基于学校。为了学校，是指要以改进学校实践、解决学校所面临的问题为指向；在学校中，是指要树立这样一种观念，即学校自身的问题，要由学校中的人来解决，要经过学校校长、教师的共同探讨、分析来解决；基于学校，是所形成的解决问题的诸种方案要在学校中加以有效实施。校本化在学校可以有很多不同的方面：校本课程、校本培训、校本教研、校本管理等，本真教育的校本化，表现为本真课程体系建设、本真课堂教学、本真学习质量评价、本真化的管理等。陈家坪小学坚持本真教育的校本化，提出本真教育的“四真”育人目标，建设“五位一体”的本真育人体系，强调追求学生的发展，把办学理念“立本求真、日进日新”落实到校本化的过程中。

(3)本真教育立德树人化

本真教育是针对学生全面发展，以学生发展为本，求学生发展的内在规律，促进学生主动发展与个性化发展的教育，是对党的教育方针的践行。对于立德树人的根本任务，本真教育一是要求把立德树人细化到做真人、

讲真理、求和善、求完美等具体的育人内容与形式上，对于陈家坪小学，就细化为：求知识之真，求人性之真，求人才之真，在传递知识、增进经验、矫

正习惯、培养兴趣、培养能力的同时浸润“忠孝、仁爱、信义、责任”的思想。二是重视建立“立足本质，探求真理”的本真教育体系，也就是将“真知、真用、真人、真情”作为育人目标，构建起具有学校特色的“本真”课程体系，主要由“语言与表达”“数学与思维”“科学与创新”“艺术与审美”“社会与生活”“健康与体育”六个部分组成的基础课程和学校开发的拓展课程、主题课程组成课程体系。三是不断完善本真文化理念，也就是加强以“立本求真、日进日新”为主题的学校文化建设，从环境文化、制度文化、行为文化与标识设计文化等不同方面推进立德树人任务的文化落实。

二、本真教育深化改革的校本化认识

“只有民族的，才是世界的！”“只有校本的，才是学校的”。陈家坪小学面对教育深化改革，校长响亮地提出了：立教师发展之本，求教师发展之真，做回师者真心、真爱、真师表；立学生成长之本，图学生成长之真，促培养真人、真知、真情趣。学校的“立本求真”不是口号，而是对教育的认识和承诺。陈家坪小学不同角色对于本真教育深化改革的认识是：

1. 校长的认识

校长是学校发展的决策者与设计者，作为学校一校之长，校长是学校教育的第一责任人，也是本真教育能否发挥教育作用，培养全面发展人的关键角色。学校校长依据校长负责制，对于学校的改革与发展是领导管理者，领导上是学校班子的核心，是学校决策人之一，对于本真教育，能否“立本求真，日进日新”，管理上其理解的水平，其思考的深刻，必然是本真教育的重要决定性因素。研究表明：校长应是本真教育的思考者，需要对本真教育的思想与实践提出自己的观点，决定好本真教育实践中课程与教学、制度与评价、校内与校外的相关教育内容、教育形式。如果说校长成为本真教育的立本求真之示范，成为本真教育的有效实践者，则对学校的本真教育总体方向、总体的理解和实践水平有很重要的保障。陈家坪小学的现任校长薛萍认为，教育是培养人的工程，本真教育的深化改革，要如陶行知先生所说，教育即以生活为主导，让本真教育感染每一个学生，让本真课程为每一个学生的发展奠基，让“四真”教育评价促进每一个学生的成长。

2. 教师的认识

教师是学校的第一教育资源，当代的教育是资源开发利用最重要的教育，在本真教育的校本化实践中，教师的资源开发和利用，将决定本真教育校本化的着力点。不同的学校教师资源不同，优势学科、精品课程建设，用以学生的深度学习之过程等，决定于教师资源的分布。陈家坪小学本真教育校本化实践中的教师，一是要有本真育人的观念，如以学生为本，以学定教，学生主动学习和全面发展是教师作为设计者、组织者、示范者、建设者、实践者应当具备的育人观念；二是对于本真教育的思考，教师要结合自我的本真优势，发挥自我管理、自我评价、自我实现的心理教育作用。现在强调个性化教育，重视网络化、大数据化的教育技术运用，教师的本真可以说就尽显在个性化、数据化的教育实践中；三是本真教育需要教师重视提高教育能力，从本真教育的教师素质上讲，本真教育校本化实践对教师提出的要求主要有三个方面：①课程建设能力；②立德树人任务的执行能力；③个人的思想政治与道德素质。

3. 学生的认识

学生是本真教育的主体，学生的发展是本真教育追求的最终目标。陈家坪小学本真教育的校本化，就是要培养学生的本真素质。如果说人的发展在于其生命能力、生活方式、生长过程、个体的社会化与个性化等方面的改变或提高，那么学生的发展就是本真教育的第一要素。以学生为本，追求真想真做的教育内容，做真实的社会实践者，是本真教育提出的学生权利和义务。现代教育中学生有新的定位，主要有两个方面：一是学习者，二是创造者。学习者是指学生的学习需要主动学、需要合作学习和探究式学习,学会学习是其适应教育、适应社会的角色要求;创造者是指学生要积极主动地承担社会实践中的责任,要有一种有所作为的思想准备,要对生命、生活、生长有一定的个体的创新思考与实践。在网络科技时代,特别是“互联网+科创”的时代,学生就是网络学习与实践者,就是互联网背景下的科创者,本真教育下的学生需要成为学习者与创造者。

4. 家长的认识

家长是学生教育的第一任教师,家长历来是最早开展本真教育的教师,每个学生的成长或者说学习的经验基础,大多来源于家长的期望与教育选择。家长的本真教育观念,家长的本真教育意愿,家长对于学校本真教育的配合,家长对于学校本真教育校本化的思考与实践,特别是对本真教育校本化如何实施有很大程度的影响。本真教育离不开对于家长的本真教育,更需要有家长的本真优势资源融入学校的教育资源开发利用中。现在提倡大教育或者说重视三教(学校教育、社会教育、家庭教育)结合,三位一体的教育体系建立,其实就是要充分发挥家长对学校教育参与评价的作用,因此,本真教育校本化的实践中,需要有家长本真素质的提高。

三、本真教育深化改革的校本化举措

1. 学习掌握运用好本真教育深化改革的理论

本真教育的深化改革实践,离不开理论的指导。具体而言有两个大的方面:一是科学发展观,二是科学发展理论。

(1)科学发展观

科学发展观是中国特色社会主义理论体系的重要组成部分,是我们做好各项工作的根本指导方针。科学发展观的核心是以人为本,基本要求是全面协调可持续发展,根本方法是统筹兼顾。以人为本是把人民的根本利益作为一切工作的出发点和落脚点,发挥人的首创精神,促进人的全面发展。全面协调可持续发展,是按照发展目标,全面推进经济建设、政治建设、文化建设、社会建设,促进现代化建设各个环节、各个方面相协调，促进生产关系与生产力、上层建筑与经济基础相协调。统筹兼顾要正确认识和妥善处理中国特色社会主义事业中的重大关系，统筹个人利益和集体利益、局部利益和整体利益、当前利益和长远利益，充分调动各方面积极性。既要总揽全局、统筹规划，又要抓住牵动全局的主要工作、事关群众利益的突出问题，着力推进、重点突破。

本真教育的科学发展观是，坚持社会主义核心价值观，全面贯彻党的教育方针，经过几年的努力，把学校办成文化凝聚力卓越、质量加速增长的巴渝名校。具体表现为：育人为本、内涵优先、文化创新、发展加速、质量提高等方面的科学发展。

(2)科学发展理论

科学是人对于客观世界的认识与内在规律把握的知识体系或思想体系。科学理论则是对某一科学领域所做的系统解释的知识体系，由系列性的概念、判断和推理所组成。科学发展理论是人对于客观世界与人类主观世界变化发展的“内因与外因、全面与重点、结构与功能”等方面的认识体系或理论知识体系。如关于生物变化发展的进化论，关于社会发展的马克思主义理论，关于人类心理发展的认知心理学理论，关于教育深化改革的课程体系建设的理论等。

本真教育科学发展理论有三个方面：一是人本主义理论。以人为本，以学生的发展为本，以学生的主动学习能力培养为本。学导式课堂教学模式的创建，就是把学生的发展、学生的学习方式转变，以及学生的课堂学业质量评价改革放到人本的理论指导下不断完善的。二是科学管理论。本真教育的“十三五”规划中提出把科学管理作为发展的重要决策，从“五位一体”学校发展的不同方面对学校发展进行科学管理。三是人文精神理论。本真教育重视人文环境育人、实践活动育人和课程建设育人，把文化凝聚力卓越作为重要的发展对策，深度挖掘学校文化与班级文化、课程文化与教研文化对学校质量的独特影响，做精主题阅读、书法和体育“三小”课程，拓展“花样跳绳、二胡、舞蹈、书法、语言”等选学课程，增加校际联盟，扩展学校文化影响力。

2. 强调本真教育深化改革的依法治校

教育部《依法治教实施纲要(2016—2020年)》指出,依法治校是依法治教的重要内容,也是推进法治社会建设,构建多层次、多形式法治创建活动的重要组成部分。深化教育改革,全面实施素质教育,学校必须加强依法治校。陈家坪小学的依法治校,需要着力于以下几个方面:学校章程建设、学校制度建设、师生权益保护机制完善等。结合陈家坪小学本真教育校本化实践的进程,学校的依法治校工作要落实以下几个方面:一是增强依法治校的育人意识,要通过学习《全面推进依法治校实施纲要》《未成年人保护法》《预防青少年犯罪法》《公民道德建设实施纲要》《国旗法》《学生伤害事故处理条例》《义务教育法》等法律法规知识,从学校科学管理上提高师生依法依规完成立德树人根本任务的意识,把学校的章程完善、制度健全、教师队伍素质提高及学生本真做人的评价标准进行完善。二是制订好依法治校的建设方案,学校依法依规育人,需要有一个好的方案。对教职工的普法教育、家校共育的统一形式与内容、学生从小的法制教育、各类师生普法教育活动的开展等,都需要有计划、有针对性地进行思考与组织。管理科学化要落实到依法依规育人过程中,就要有法治设计的方案与计划,才能切实提高管理科学化的水平与质量。三是学校校长应自觉提高个人的法制素养。人们常说,一个好校长就意味着一所好的学校,校长在学校就是"最高长官",个人素养关系学校的许多方面:管理水平、育人课程、队伍整体建设、社会知名度等,作为校长本身就应努力提高自己的计划决策能力、组织协调能力、应变能力、开拓创新能力、综合分析能力、语言表达能力、写作能力、用人授权能力以及交际能力等。提高法制素养,就是要有依法治校的意识,要有对于教职工传授法制知识教育的能力,要带头遵守校本制度与做合法的公民,要有不懈进取精神和坚强的意志,要把学校的决策管理、计划管理、质量管理和队伍建设做到依法决策、依法管理、依法协调、依法监督,使全校的教育行政工作走上法制轨道。

3. 重视完善培养学生的“四真”目标

学生发展是本真教育立本求真的核心，在陈家坪小学具体细化为“四真”（真知、真用、真人、真情）的发展目标，完善学生发展的“四真”目标内容，是提高本真教育质量的评价需要，更是本真教育校本化实践的重点内容。

陈家坪小学培养学生“四真”发展目标

目标细项	一级指标	二级指标	评价方式
真知	真正理解与掌握知识	1. 知识学习的效率 2. 知识理解的水平 3. 知识记忆的巩固	
真用	真正理解与掌握知识	1. 知识的实践分解 2. 学习能力的提高 3. 问题解决的意义	
真人	真正运用知识于生活实践中	1. 做人的真实事实 2. 做人的外在形象 3. 做人的心灵美感	
真情	真心、真爱、真诚表达自我	1. 真正的心态 2. 真实的爱心 3. 真诚的自我	

说明：四真标准是学生发展的核心素养的简化，是小学阶段学生培养的一种立德树人任务的细化，是学生发展的主要评价标准。

4. 加快学校教育信息化的进程

教育信息化是教育现代化发展的一条重要途径，是信息化技术对于现代教育改革发展的一种渗透与改变。2018 年 4 月 13 日教育部正式发布的《教育信息化 2.0 行动计划》，标志中国教育信息化时代的到来。教育信息化的技术特点是数字化、网络化、智能化和多媒体化，基本特征是开放、共享、交互、协作。陈家坪小学的本真教育校本化实践，关键在于加快推进教育信息化的步伐。一是要系统建立本真教育的信息化、数据化资源库，突出本真教育的四个优化：学习环境优化、课程建设优化、学习方式优化与队伍建设优化;二是要在学校开展智慧校园的建设,促进校园电子化办工与教学水平的提高,建立智能化的管理与教学,形成比较有特色的智慧课堂。

5. 注重提高师生的人文素养

教师需要博览群书,对小学教师而言,书籍是抚慰精神的苦口良药,博览群书可以让教师夯实人文底蕴,开阔见识,升华自己。鲁迅说过,"只看一个人的著作,结果是不大好的,你就得不到多方面的优点;必须如蜜蜂一样,采过许多花,这才能酿出蜜来,倘若叮在一处,所得就非常有限,枯燥了"。小学教师需同蜜蜂般博览群书,才能开拓新知、增长见识,提升自身的人文素养。教师需要树立终身学习的目标,终身学习是"人们在一生中所受到的各种培养的总和",包括"教育的一切方面"。终身学习贯穿于整个人生,是人自发的、主动的、持续的受教育过程;突破时间、空间的限制,涉及人的思想、智能、个性和职业等方面的内容。小学教师树立终身学习的目标,才能跟上时代的脚步,才能在课程改革不断深入的过程中提升自身的人文素养。人文校园是师生人文素养形成与发展的重要环境,小学教师要尽力为营造人文校园献计献策,一是要从树立平等、民主、以人为本的人文态度入手,二是要从学校的规章制度、人际关系等"软文化"上进行营造,三是要重视从个人的实际出发,在轻松、自由、和谐、温馨的气氛中提高自身的人文素养。

6. 提高本真教育校本化管理的科学性

人本管理是在人类社会任何有组织的活动中,从人性出发来分析问题,以人性为中心,按人性的基本状况来进行管理的一种普遍的管理方式。人本管理在学校的重要体现,就是要给学生创造一种宽松、自然、和谐的成长环境,充分肯定教师在学校管理活动中的主体地位和作用,用人本管理的原理与方法,激励调动和发挥员工的积极性和创造性,引导员工去实现预定的目标。对学生的本真教育,要求实现任务驱动式的项目管理。用活动化、人性化、生活化、个性化的教育教学活动的开展,建立学习型校园,全面实施素质教育。学校育人在管理上要遵循现代教育的规律,注重科学育人与教育治理的有机结合，各项管理制度和校风校纪建设，都要坚持正确的价值导向，融入道德教化之中，使"真、善、美"的行为得到鼓励和表彰，"假、丑、恶"的行为受到制约和惩处，从而引导广大青少年学生在日常学习生活中既丰富知识，提升能力，又修好公德、私德。

学校本真教育校本化实践研究思考(一)

人的本真问题

——谈本真教育的核心问题

薛　萍

本真教育是对人的本真问题进行探索,并充分尊重和发挥人的本真生命活动规律,提高教育质量的教育。如何更加科学地认识人的本真,是本真教育把握人的本真规律,提高教育质量的关键,也是本真教育的核心问题。

本真简单的意思是本来的真实。人的本来自然是源于动物进化,因为劳动促进了人的形成和发展,所以,人的本来有三层意思:一是生命的进化,根据生物进化论的观点,生命的进化是一种遗传的变异,是优化生命活动的过程;从生物进化的角度上讲,人的本真是一种生命优化的过程,正如同道家学说中的道是自然的规律,人的本真可说是生命进化的规律,也就是生命的不断优化。二是劳动是人的本真发展的动力,本真教育的核心是教会人的劳动,人的劳动从体力到脑力,再从脑力到现在的大数据分析,其实是人的思维能力的提高。本真教育促进人的全面发展,核心是人的思维能力的提高。三是人的教育作用是人的形成与发展的重要影响因素,人的形成与发展,有不同的观点,遗传论、环境论、教育论、实践论等,本真教育其中主张的一个观点就是教育论,认为教育可以影响或改变人的本真,人的本真教育是对人的素质形成和发展有影响或改变的教育。

本真中的真实指的是人的真实存在。人在社会生活中的存在,其实与人的语言交流、人的思想保存有十分密切的关系。人的生活是人对语言和思想的运用,人的生活中离开了语言和思想,就会与动物的行为一样,称为走兽般的生活。因此,本真教育要依据人的语言交流的规律进行教育，如语言交流的符号问题，语言交流的主体性问题，语言交流的书面逻辑性问题等，本真教育的基础是人的语言活动，加强本真教育要加强对人的语言学科的教育，现在高考、中考增加语文学科的考试内容，提出语言群的知识体系，个人认为是在加强本真教育。本真教育的重点是人的思想的教育，人的思想可以是一种思绪性的，也可以是一种逻辑性的，更可以是创造想象性的，因此对于人的思想教育是有不同水平的。在小学时期，人的思想教育主要是思绪性的或者说是直观生动性的教育，儿童的天真与灵活，是其生命的本真，更是其思想的本真。

现在对人的本真教育，有专家认为是"立本求真"的教育，主张"立本"要落实到学生的生命为本、生活为本、全面发展为本；"求真"要落实到做真人、做真事、享真情、有真心上。在上述关于人的本真理解的基础上，我个人认为本真教育是关于人的生命能力提高的教育，是对人的语言和思想进行科学认识与指导的教育，是关于人的劳动促进人的形成与完善，个体成为社会生活中有所作为的人的教育。本真教育促进人的本真发展，是促进人的生命能力提高，促进人的语言表达和思想水平提高的过程。本真教育落实立德树人的根本任务，其实和立本求真有共同的内涵或共同的责任。

陈家坪小学提出本真教育的校本化实践，一是需要认真面对本真的问题，具体立足于学校的校情、课情、学情、师情而回答好什么是学校的本真。二是需要对本真教育校本研究与实践立足于个性化或特色化，用个性化的本真教育、实践活动开展丰富的本真教育，学校形象上的特色化的本真教育去表达自我的本真教育。个性化的本真教育，如学校提出的本真课程体系；丰富的实践活动，如学校开设的整本阅读、主题阅读、书画艺术等兴趣活动；特色化的学校形象，如学校对本真教育的文化注解：中华优秀文化中的本真教育思想、近代陶行知的生活教育理论、现代的生本教育实践等绘本。陈家坪小学申报市级科研课题"小学本真教育的校本化实践研究"，我认为有三个方面的研究问题：一是本真的研究，这需要理性地思考，实践的解释；二是本真教育的研究，要从生命教育、生活教育、生态教育、建构主义、自我教育等不同的教育思想与理论中寻找本真教育的根与形；三是校本化的研究，校本化一要以校为本，二要以生为本，三要以文为本。

本真教育是人的教育，是人的科学在教育改革与发展中的理性思考与实践探索性的教育。本真教育是素质教育的基础性工程，是立德树人根本任务落实的实践教育。

学校本真教育校本化实践研究思考(二)

本真教育校本化的理性分析与建议

——本真教育中不同角色扮演的讨论

杭元康

本真教育是一种追求教育原点,以学生的本真发展为目的的教育。本真教育有三个主要的教育特征:一是以学生为本,以学生的生命教育为本,注重学生在自然的生命活动中理解和把握学习的内容;二是以人的自然生长发育的规律为本,强调学生的生活教育,用生活的经验和生活的实践引导学生的主动学习;三是以素质教育为本,主张把人的核心素养作为培养的重点,学生的发展关键在于重视核心素养的培养。

在本真教育体系中,校长、教师、学生和家长都有不同的本真表现,也有不同的本真教育的思考与实践角色扮演。

第一,是本真教育中的校长角色扮演。作为学校一校之长,校长是学校教育的第一责任人,也是本真教育能否发挥教育作用,培养全面发展的人的关键角色。校长依据校长负责制,对于学校的改革与发展是领导管理者,领导上是学校班子的核心,是学校决策人之一,对于本真教育,能否“立本求真,日进日新”,管理上其理解的水平,其思考的深刻,必然是本真教育的重要决定性因素。研究表明,校长应是本真教育的思考者,需要对本真教育的思想与实践提出自己的观点,决定好本真教育实践中课程与教学、制度与评价、校内与校外的相关教育内容、教育形式。如果说校长成了本真教育的立本求真之示范,成了本真教育的有效实践者,则会对学校的本真教育总体方向、总体的理解和实践水平有很重要的保障。

第二,是本真教育中的教师角色扮演。教师是学校的第一教育资源,当代的教育是资源开发利用最重要的教育，在本真教育的校本化实践中，教师的资源开发和利用，将决定校本化本真教育的着力点。不同的学校教师资源不同，优势学科、精品课程建设，用以学生的深度学习之过程等，决定于教师资源的分布。本真教育中的教师，一是要有本真育人的观念，如以学生为本，以学定教，学生主动学习和全面发展是教师作为设计者、组织者、示范者、建设者、实践者应当具备的育人观念。二是对于本真教育的思考，教师要结合自我的本真优势，发挥自我管理、自我评价、自我实现的心理教育作用。现在强调个性化教育，重视网络化、大数据化的教育技术运用，教师的本真可以说就尽显在个性化、数据化的教育实践中。三是本真教育需要教师重视提高教育能力，从本真教育的教师素质上讲，本真教育对教师提出的要求主要有三个方面：①课程建设能力；②立德树人任务的执行能力；③个人的思想政治与道德素质。

第三，是本真教育中的学生角色扮演。其是本真教育的主体，是本真教育追求的最终目标。学生的本真素质，如果说在于其生命能力、生活方式、生长过程、个体的社会化与个性化等方面的改变或提高，则可以说学生是本真的第一要素，以学生为本，以学习为本，求真实的教育内容，做真实的实践者是学生的责任和义务。现代教育中学生有新的定位，主要有两个方面：一是学习者，二是创造者。学习者是学生的学习需要主动学、需要合作学和探究式地学，学会学习是其适应教育、适应社会的角色要求；创造者是指学生要积极主动地承担社会实践中的责任，要有一种有所作为的思想准备，要对生命、生活、生长有一定的个体的创新思考与实践。在网络科技时代，特别是“互联网+科创”的时代，学生就是网络学习与实践者，就是互联网背景下的科创者。

第四，是本真教育中的家长角色扮演。家长历来是最早开展本真教育的教师，每个学生的成长或者说学习的经验基础，大多来源于家长的期望与教育选择。家长的本真观念，家长的本真教育意愿，家长对学校本真教育的配合，对学校的本真教育思考与实践，特别是校本化的进程有很大程度的影响。本真教育离不开对家长的本真教育，更需要有家长的本真优势资源融入学校的教育资源开发利用中。现在提倡大教育或者说重视三教（学校教育、社会教育、家庭教育）结合，三位一体的教育体系建立，本真教育需要有家长本真素质的提高。

有了以上关于本真教育校本化的分析，实践上我有四个方面的具体建议：一是校长的本真意识和本真教育理性思考能力要成为本真教育校本化实践的重大议题，校长的学习、研究、实践、反思，将是本真教育校本化的最好表现，一所好学校，离不开一个好校长，一个本真的教育特色，首先在于有本真的校长角色扮演。二是教师的本真素质，现代教育把教师的素质区分为三个重点方面：自我意识、专业能力、教育理想，本真教育提出的教师素质，我认为关键在教师对于本真的理解与本真理论原理和方法的运用，本真落实到立德树人问题上的分析与综合，结合教育对象学生的“三生”状态进行教育教学实践。三是学校文化建设的本真取向，如价值观的不同，学生的质量评价上的差异，将是学校文化建设校本化实践所要回答的问题，一所有本真文化氛围的学校，我认为需要有真实的师生阅读、师生实践、师生追求的文化内容。四是学校的特色呈现方式也是本真校本化的重要途径，现在谈学校的特色，可以界定为“五位一体”（课程、教师、管理、学生、环境），不同的学校特色，可以在五位一体的重心和表现方式上体现出擅长的、最美的、最具教育影响的方面。

学校本真教育校本化实践研究思考(三)

成长与快乐着的本真教育实践研究

——结合本真教育课题研究的几点思考

薛　萍

我校课程改革轰轰烈烈地进行着,市级课题"本真课程体系建设的实践研究"刚刚结题。我校的"本真课堂"也由一棵小草破土萌芽,却包含了众多的智慧与支持。

一、萌生于教育理想的追求

教育是培养人的工程,陶行知曾说,教育即生活。"让教育感染每一个学生,让课程适合每一个学生的发展,让评价适合每一个学生的成长"。我们在探索中一步步走来,精心构筑着课堂教学文化,构筑着师生的精神世界。力图让这过程充满快乐,充满创造,充满诗意。我们在乱花迷眼、纷繁复杂的教育现状中,始终坚守方寸宁静,坚持回归教育的本真,着力于把一个"学校的人"培养成一个"社会的人",一个"全面和谐发展的人",实在是"本真课堂"构建的重大使命与责任。所以我们从实践的角度提炼研究促进学生生命成长的课堂,希望能以此与志同道合者共勉,真正实现"立足本源,探求真知,成就真人"的教育理想,这是我们克服职业倦怠的唯一办法,也是我们摆脱简单机械重复性劳动的唯一出路。

二、植根于立德树人的土壤

课堂应当也必将更加关心核心素养培养,这已成为教育改革的趋势,当下提倡的品质课堂便是教育改革的典型代表,作为教育人在这场改革中逐步形成了清晰而一致的认识,那就是由传统关注文化知识的传承到关注人的终身发展。回想当年，无数个四十分钟造就了我们几十年的生命轨迹，在一定程度上甚至可以说，是这小小的单位时间决定了我们现在的人生，如今我们主宰着无数个四十分钟，决定着无数不同的人生选择。它是如此重要，以至于我们需要时刻提醒自己在课堂生活中真的没有比"求真"更重要的东西了，我们每一个为人师者都应该好好把握课堂，敬畏生命。

那么，什么样的课堂最能提示我们四十分钟影响四十年？什么样的课堂最能促进具象的物质资源向抽象的生成资源转变呢？什么样的课堂最能启发我们不只是学生还有老师也需要丰富更新也应当充分享受成功呢？

以生为本，以人为本，一次次的研讨，一次次的课改，一次次的争论，都带来了春风拂面般的清新思想，每次都是我们提升思想、成长成熟的过程。求真——我校教育的课题，不断在师生成长的过程中沉淀……

三、契合于"本真文化"的办学理念

"本真"二字何以得来？《礼记·中庸》有"立天下之大本，知天地之化育"，《论语》云"君子务本，本立而道生"。首先它源于我校"立本求真，日进日新"的办学理念，已经取得一致认同，设计理念体现的是历史的继承和发展，主要是在课程和课堂教学方面对办学理念的深化、演绎和发展。这里的"本"，指的是立教育功能之本，立教育现实之本，"真"是指求知识之真，求人性之真，使学校教育回归本义，凸显崇尚美德，追求至善的本色。立本求真不是口号，而是对教育的认识和承诺。孩子们终究要展翅高飞，无论他们以后是商人、智者、明星，还是普通人，我们始终相信，他们都将通过本真课堂走上自己想走的路，得到获取幸福的能力，而我们的责任就是为他们的成长孕育出无限可能。

四、坚持于专家的认定与老师的支持

就在这样的环境下，在期待改革的呼声中，我们不断地研讨、读书、实践、调研、尝试是否将"本真"课堂作为一种教学理想时，唐果南先生一语坚定梦中人。他讲陶行知"千教万教教人求真，千学万学学做真人"即是最好的指引。立本是求真的归宿，求真为了立本；也只有注重立本，方可更好地求真。于是我们的"求真课堂"的理念终于破壳而出，通过系列学习、研究等推动，初步总结出我们的本真课堂要实现的目标应该涵盖两个方面：立教师之本，求教师发展之真，做回师者的真心、真爱、真师表；立学生成长之本，图学生成长之真，促进培养出真人、真知、真情趣。

这个想法应运而生后，得到了全体老师的热烈响应，他们用各种方式来表达自己的支持和课改的决心。从理论上找支撑、请专家、开论坛、听讲座、购买书籍，从实践中汲取经验，彼此交流合作，老师们的每一个论题每一个想法都如此具有新意和代表性，将课改的热情推向了一个新的高度。

"只有民族的，才是世界的！"只有大家的，才是值得推广的！本真课堂这项长篇的课题，我们才刚刚起步，老师们才是实践者、思考者、创造者。如何去理解、诠释？如何去吸收、摒弃？如何去总结、升华？广阔的本真舞台还留待老师们去演绎，让我们一起用智慧的头脑，执着的信念去探索去追求吧！

学校本真教育校本化实践教学探索(一)

重庆市九龙坡区陈家坪小学
教师队伍建设"青蓝工程"实施方案

为促进青年教师快速、健康成长,推进学校教育教学质量的进一步提高,发挥骨干老教师传、帮、带的积极作用,在新学期又一次启动了"以老带新、以新促老,师徒结对、共同提高"的"青蓝工程"。通过启动新老教师结对子活动,促进新教师的快速成长,打造一支学者型、专家型的师资梯队,为学校的可持续发展奠定基础。

一、领导小组

组　长:薛萍

副组长:杭元康、王剑平

成　员:赵颖、张敏、刘灵丹、唐卫红、李晓洁

二、"青蓝"工程对象

师傅(蓝方):区校级教学能手、骨干教师、学科带头人(具体名单待定)。

徒弟(青方):近三年参加工作的新聘教师以及需要在教学业务能力上进一步提高的其他教师(具体名单待定)。

三、"青蓝工程"实施时间(2018—2019 学年)

"青蓝工程"实施时间(2018—2019 学年)。

四、“青蓝工程”双方职责

（一）师傅（蓝方）基本职责

①教书育人，为人师表，热爱学生，热爱教育事业。在师德风范、工作态度、教学业务、班级管理等方面作出榜样。

②指导徒弟认真学习新课程标准，熟悉教材、考试要求，对学科教学任务有较全面的认识，指导徒弟熟悉教学常规。

③指导徒弟钻研教材，熟悉教材，做好备课工作；每学期帮助审核教案8篇以上，提出修改意见，每学期指导徒弟至少在校内上一次公开汇报课。

④指导徒弟如何上课、如何小结、如何改进提高，每两周为徒弟上1节示范课，同时，每学期至少听8节徒弟的课，并对每一节课都要有详细的点评。

⑤指导徒弟认真做好学生作业的布置、批改和讲评工作以及试卷命题、质量分析、教学总结撰写等。

⑥指导徒弟积极参加教育教学科研活动，参加课题研究、各项业务竞赛和交流活动，撰写教学小结和教学反思以及期末教学总结。

⑦认真指导徒弟分析学生情况和班级现状，制订班级管理措施，传授班级管理的方法和艺术。

（二）徒弟（青方）基本职责

①认真遵守师德规范，自觉执行师德标准，教书育人，为人师表。

②认真钻研教育教学理论，熟悉教材、考试要求，认真执行教学常规，主动争取师傅的帮助和指导，虚心学习，有疑必问。

③主动邀请师傅审核自己的教案，以及听自己的课（每学期8节以上），每学期至少在校内上一次公开汇报课。

④有计划地听师傅的常态课（示范课），每两周至少听1节课，并写好听课心得。

⑤认真做好学生作业的布置、批改和讲评以及科学命题、试卷质量分

析等工作。

⑥积极参加教育教学科研活动。积极参加课题研究以及各项竞赛、研讨活动，认真撰写好教学小结和教学反思以及期末教学总结。

⑦主动请师傅协助分析学生情况和班级现状，制订班级管理措施，多向指导教师请教班级管理的方法和艺术。

⑧每学期按照合同和相关管理要求，认真做好平时工作记录，写好拜师学习的心得体会、工作学习汇报总结等。

五、考核管理

①开学初，学校组织召开“青蓝工程”启动仪式，青蓝双方签订结对协议。

②青蓝双方做好过程性资料的收集，包括教案、教学反思、听课笔记等，期末统一交教科室存档。

③每学期青方教师结合自己的教学实践，在与蓝方教师共同备课的基础上上一节汇报展示课，参与辅导的蓝方教师获得与对口青方教师同等的辅导奖项。

④根据青蓝双方提供的过程性资料及青方教师的汇报课成绩，综合评选出优秀的“结对师徒”给予表彰。

学校本真教育校本化实践教学探索（二）

在小学科学实验教学中培养学生高阶思维的尝试

杭元康

摘　要：小学科学课实验教学中，我们往往注重通过实际操作来试错和验证，却忽略了学生思维层面上的分析和论证。教师注重材料的选择和实验效果的相互关系，忽略了材料选择与实验效果背后逻辑关系的梳理。特别是为了突出实验效果，教师在选择材料时心中有数，学生对此从不思考，只动手按照步骤操作而已。如何发展学生的高阶思维，是我们现在研究的一个重点。在实践中，笔者有一些体会，在此梳理出来请大家批评指正。

关键词：实验教学；高阶思维

一、培养学生高阶思维是科学课程的目标之一

教育部《义务教育小学科学课程标准》指出，小学科学课程的总目标是培养学生的科学素养，并为他们继续学习、成为合格公民和终身发展奠定良好的基础。学生通过对科学课程的学习，保持和发展对自然的好奇心和探究热情；了解与认知水平相适应的科学知识；体验科学探究的基本过程，培养良好的学习习惯，发展科学探究能力；发展学习能力、思维能力、实践能力和创新能力，以及用科学语言与他人交流和沟通的能力；形成尊重事实、乐于探究、与他人合作的科学态度；了解科学、技术、社会和环境的关系，具有创新意识、保护环境的意识和社会责任感。

从科学课程的总目标可以看出，培养学生的高阶思维，是科学课程的目标之一。在科技发展迅猛的时代，作为一线的教育工作者，我们必须转变认识，从学生的角度出发，设法在实验教学活动中，让学生把精力投入分析、比较、对比、归纳、概括、创造等系列学习活动中，而不仅仅限于要求学生记忆实验步骤，按步骤完成实验和记录(记忆)实验结论。

我们的科学实验，为了在课堂上呈现完美效果，往往注重操作过程，忽略思维培养。纯粹的模仿、采用指定的步骤、机械式的练习，均可能最快地取得效果，然而，对反省思维能力的增强，却可能铸成不可挽回的错误。学生们被命令去做这种或那种具体的事情却不知道任何道理，只是为了谋求以最快的速度达到所要求的结果。所以到后来，我们发现学生学习没有主动性，思维发展停止不前，科学素养也没养成。

按照知行合一理论，实验是最好的方法。但是，由于只注意了实验操作本身，没有弄清实验的目的，实验反成了学生思维发展的阻力。

二、站在科学思维学的角度谈对高阶思维的认识

与高阶思维相对的，是低阶思维。低阶思维又称低效思维，是哲学以及心理学的舶来词汇，指缺少辨析与判断或者识别的思维，并且在行为人的意识或精神上几乎没有任何对眼前客观情况进行调查或探索的欲求，因此又被称作即时思维。该思维主体专注于眼前发生事件的细节与变化以至于不能在意识上相应进行对该事件发生的动机与结果等方面的思考。日常发生的例子，如在精神不集中或者反应慢的情况下，我们在突然看到杯子摔下的时候，没有任何其他有效动作以及反应，但思维上却明白并全程记录了杯子摔下的过程。

平常教学中，我们注重对知识的传授，对实验的操作要求，达到预期效果就是成功的教学，却忽略了学生思维发展过程的关注和培养，也就是学生高阶思维的培养不足。

高阶思维的论述较多，大家普遍认可的是美国教育家布鲁姆的说法。他将思维过程具体化为六个教学目标，记忆、理解、应用、分析、综合、评价

和创造，其中记忆、理解、应用是低阶思维，是较低层次的认知水平，主要指用于学习事实性知识或完成简单任务的能力；分析、综合、评价和创造为高阶思维，是发生在较高认知水平层次上的心智活动或认知能力。高阶思维是高阶能力的核心，主要指创新能力、问题求解能力、决策力和批判性思维能力。

三、本真教育理念下对高阶思维教学的实践探索

1. 在元认知基础上的高阶思维培养

杭州市科学教研员徐春建老师就提出过一个问题，我们的科学课常常是这样，做一些实验，观察到一些现象，然后就下了一个结论。问题是，能这样很快地得出结论吗？看到现象，有一个思维的过程，才能得出结论。

我们的实验教学中，大量采用的方式是记忆、理解和应用。一提到实验，必然是和学生动手能力高关联，对高阶思维的体现仅仅是最后的数据分析。而数据分析，也仅仅是表述通过实验现象观察预测正确或不对而已。我们忽略了实验教学中的一个环节——预测。现在的实验教学中，预测这个环节都是必有的，但是没有注意培养学生的高阶思维——逻辑、分析等，只是浅层次上地猜测会有什么现象，而这个现象，教师一般都给予了对比选择，是或者不是。在各类课题研究和论文中，对此环节有所提及，但是没有引起足够的重视，一笔带过。

章鼎儿老师说，我们希望孩子在一个陌生的新鲜事物和现象面前，他能联系已有的知识，作出他这个水平层面的猜测或者推测。与此同时，他应该很清醒地认识到，这只是我的猜测和推测。如果他还要继续往下走，就应该先确定下来，这是什么，并且认识到在一个推测层面就当作是事实，那就会出错。这种认识，是让其继续探究活动的动力。他要确定他的推测与事实是否吻合，就必须实验验证。在验证的过程中，又有新的现象、新的问题促使他又去思考、推论、验证。科学探究就一步步展开。

所以在预测中，学生在元认知的基础上进行分析，就能很好地培养学

生高阶思维能力和习惯。下面以三年级《空气占据空间吗》为例说明。

学生根据教材内容,制作好小喷泉后,一般情况下,教师会问学生准备吹哪根吸管,然后学生就开始试验、观察、记录了。我在课上到这里时,就提出一个问题:你选择吹这根吸管后,怎么能确定水会从另一根吸管流出来?这必然要运用到学生生活场景的经验,也就是学生的元认知。从生活情景应用化的推理到抽象的推理迁移,达到高阶思维水平。提问后,学生观察这个小喷泉。这时,部分学生发现问题了:如果他们选择吹浸入水中的吸管时,另一根吸管没有接触到水,他们的元认知在告诉他们,没有接触到水,怎么会有水流出来呢?这个是不是有什么没考虑到?分析的火花在这里迸发。再结合本堂课的内容,学生会提出吹没有接触到水的吸管,让空气进去后,把水从另一根吸管挤出来。"空气占据空间"的种子就播种下了。这样的分析结果,是学生思维从元认知到提升的过程。当学生认识到这点时,我没有急着让学生去实验验证,而是再提一个问题:你能确定吹浸入水中的吸管,另一根吸管一定不会有水流出来吗?学生开始有点懵,不是分析过了吗?其实,这是在培养学生的质疑,打破砂锅问到底。第一次的思维分析结果,仅仅是建立在我们元认知上面,万一还有我们不知道的道理呢?这样的好处在于让学生不要轻易形成一种概念,有时我们会误解新信息的连贯表征。所以,实证是很有必要的,证假和验真都应该重视。于是,实验由简单的验证结果变成了思维层面的分析和质疑,然后才是动手操作,验证我们的思维过程是否正确。在实际操作中,因为很多学生吸管离水面不是很高,所以有个别组大力吹接触到水面的吸管时,水也会从未接触到水面的吸管喷洒出来。把验证实验结果变成验证我们思维的过程,充分利用实验这个验证手段,达到培养学生高阶思维的目标。

2. 用本真的教学内容多维度培养学生高阶思维

小学科学实验特别重视材料的选择,因为材料的选择直接关系到实验的效果。而小学生的分析能力、辨别能力等都还处于启蒙阶段,所以教师就进行了包揽。台上一分钟台下十年功,台下我们做了太多的准备,为了能够使学生聚焦这节课要研究的问题,我们会在材料选择、问题情境、一系列的事情上去有意地设计,目的是让学生从中发现这个结构,这种材料结构决定了他能发现的问题。教师对材料的选择是经过高级思维的,但是对于学生,如果我们仅仅停留在使用材料上,就浪费了材料对学生思维训练的作用。在实际教学中,我们可以利用材料对学生进行高阶思维训练。下面以六年级《电磁铁的磁力》为例说明。

在研究电磁铁磁力大小的变化对比实验中,按照教材,学生从线圈匝数多少、电池节数多少两个角度去研究,就会造成学生以为只有这两个因素影响电磁铁磁力大小。因此,在教学中,我先提问,你认为影响电磁铁磁力大小的因素有哪些?学生的回答比较广泛,除上述两个原因,还有导线的粗细、铁芯的粗细等。为了让学生明白这些因素可能都有关系,但是我们又只研究线圈圈数多少和电池多少两个因素,我再提问,观察我们手中的材料,你认为我们这节课可以研究上面问题中的哪些因素?学生的材料只有:电池(3 节)、导线(1 根)、铁钉(1 根)、小垫圈(20 个)。小组讨论后,反馈的结果围绕在两个因素:改变线圈的圈数和改变电池的节数,其余的因素对电磁铁磁力大小可能有影响,但是我们的研究条件不足,暂时研究这两个内容。这样,学生学会对手中的材料进行分析,选择最有效的研究方向。同时,因为对材料分析后选择的研究方向对其他因素不再是排除,而是会留心以后有条件再进行实验。这样的过程学生隐隐约约感觉到,他直接感觉到的事实,并不是事实的全部,事实背后还有更多的东西,随之而来的还会有更多的事实。这种感觉便是理智的求知欲的萌芽。这个思维在生活中也是能经常运用的,在生活中学会选择材料,充分利用生活中的材料来创造等。

科学实验活动是一项复杂、长期的教学过程,为了学生的长远发展,我们应当把注意力放在培养学生高阶思维方面。如果每一次实验,都注重学生分析、判断、综合等能力的培养,学生的科学素养也会逐渐养成,从而达到小学科学课的总体目标。

学校本真教育校本化实践教学探索(三)

本真语文教学培养学生本真学习能力的探索

张 敏

摘 要:本文具体探讨了在小学语文低段,选择适合低年级孩子的中华优秀传统文化带进课堂,让孩子增加语言积累,促进语言运用的具体策略及成效。

关键词:经典诵读;语言运用

2016年9月,在结束了一个毕业班的教学后,我又接受了任教一年级语文的任务,开始了一个新的轮回。在拿到新的部编语文教材时,我仔细翻阅,欣喜地看到语文教材许多的改变,尤其是从开课伊始的《天地人》《金木水火土》到《对韵歌》,以及在课文和语文园地"日积月累"栏目中大量出现的古诗,让我感受到了教材编者注重继承和弘扬优秀传统文化的编写意图。语文教育既是文化教育,也是国民教育,语文教科书在传承中华传统文化中有很重要的现实意义。基于弘扬优秀传统文化的理念,在立足于教材的基础上,我可以做好课程的开发,让孩子们在这个记忆的黄金时期,背诵更多的经典,增加孩子们的语言积累,为孩子们的语言文字运用打好基础吗?带着一份责任,带着一丝忐忑,我做了以下一些尝试:

一、背诵古诗,厚积薄发

诗词是中国传统文化里最精华的部分,言简意赅却意味深远。因为古诗词大部分字数不多,且合辙押韵,朗朗上口,阅读背诵起来不算困难。且很多孩子在入学前就或多或少有一些诗词积累,对于诗词的背诵也没有任何心理压力。所以在开学伊始，在和家长做好充分沟通和交流，取得家长的理解和认可之后，我就把诗词作为传统文化课程开发的第一课。我们利用早读和语文课上的零碎时间，从背诵耳熟能详的《静夜思》到咏叹人生的《长歌行》，用三个月左右的时间背诵了整整一本《中华经典诗文诵读》，让人感叹孩子的记忆能力真是不容小觑。而背诵经典诗词随之带来的副产品更是让我欣喜——孩子们会缘境生情，在生活的场景中恰当地运用古诗，表达自己的情感：在和妈妈到公园去玩，看到树上开满绚丽花朵时，不自觉地吟诵"黄四娘家花满蹊，千朵万朵压枝低"；在和家人一起去野外游玩时，为家人吟诵"山林多奇彩，阳鸟吐清音"……孩子们的表现也让家长们惊喜，让家长们看到了经典诵读的巨大能量。

二、成语接龙，活学活用

在背诵完一本《中华经典诗文诵读》之后，虽然有孩子还觉得意犹未尽，但由于没有找到更合适的诗词书，我又把目光转向了中华传统文化的又一明珠——成语。为了降低坡度，增加成语背诵的趣味性，我在书店精挑细选，最后为孩子们选定了韩兴娥老师编写的《成语接龙》。本书将王之涣的《登鹳雀楼》中20个不重复的字作为龙头，每个龙头后面编写了50个成语，构成20条成语接龙，刚好是1 000个成语。成语首尾相接，恰巧形成提示与联想，有助于记忆，大大提高了记忆效率。我们在课堂上开火车读，拍手读，跟着音乐节奏读，先让孩子们鹦鹉学舌、囫囵吞枣、不求甚解地背诵下来，再联系生活中具体的场景，让孩子理解成语的意思，并且活学活用。比如，上课时，老师要求同学们听课要"专心致志""聚精会神""全神贯注"，孩子们在这个具体的语言环境中了解了这几个成语的大意，就是指做事非常认真专注。我还通过多种方式与家长联系，让家长和老师一样，鼓励学生学以致用，活学活用，在说话时用成语表达自己的意思，并让家长把孩子们妙趣横生的语言记录下来传给老师。老师在课堂上展示这些语言，既帮助其他孩子理解成语的意思，也激发更多孩子使用成语的热情。比如，有的孩子在生病时，妈妈问孩子怕吃药吗？孩子说："良药苦口，吃了药身体就会好的。”有的孩子被妈妈责备了，她说：“妈妈本来沉鱼落雁，但是骂人的时候真是丑态百出。”有的孩子外出玩耍，回来高兴地说：“今天，我真是玩得心花怒放。”看到家长们发过来的这些童言童语，犹如沙滩上拾得的一颗颗珍贝，让我欣慰不已。

三、蒙学经典，润物无声

蒙学以其齐整押韵的语句、丰富多彩的内容达到教育孩童的目的。蒙学经典通过要求人在日常生活中的各项规定养成习惯并贯彻为人的始终，最终达到修身养性、积善成德的功效。在今天，语文教育中弘扬传统文化，蒙学教材是一个不容忽视的内容。在传统的蒙学教材中，我首先选择了《增广贤文》和《弟子规》让孩子们诵读。这两本优秀的蒙学读物不仅语言朴实优美而且通俗易懂，让孩子机械记忆与理解记忆共行，通过反复地朗读背诵，从流传至今的名言警句、循循善诱的俗语谚语中感受到优美的文学形式、感人的传统美德。有了丰富的语言积累，孩子的语言运用也是水到渠成的事。在课堂上，当有孩子不专心听课时，我停下来问全班同学，大家可以用《增广贤文》里面的哪句话来劝劝他呢？全班同学异口同声地回答：“读书须用意，一字值千金。”当同学之间因为小事发生纠纷时，我引导他们回忆背诵的句子“饶人不是痴汉，痴汉不会饶人”。每当我们开始书写生字时，我们都会齐声朗诵《弟子规》里的“墨磨偏，心不端，字不敬，心先病”。当有学生使用不文明用语时，会有同学提醒他：“刻薄语、秽污词。市井气，切戒之。”传统文化如一股汩汩流动的清泉，不仅滋养孩子们的心灵，也在提高孩子们积累运用语言的能力。

时光清浅，岁月留香。在这一年的光阴里，有过迷茫，有过疲惫，有过懈怠，但更多的是感动和欣慰。选择适合孩子年龄特点的优秀中华传统文化带进课堂，增加学生语言积累，提升学生语言运用能力，让我看到了语文教育更多的可能性。

学校本真教育校本化实践教学探索(四)

谈小学数学学科问题意识及表达能力的本真实践对策

赵 颖

摘 要:在开展小组合作学习中,学生个体的自学能力和表达能力是很重要的素养,在实践中发现,很多孩子在自学的时候没能掌握有效的学习方法,效果不理想,通过孩子们的问卷及访谈中得知,很多孩子无法在自主学习阶段提出与学习有关的有效问题,以及如何把自己的想法表述出来很困扰,我认为培养孩子的这两种素养是保证小组合作学习能有效开展的前提,本文以小学中低段学生为研究对象,找出了上诉问题的成因,并通过实践总结出了解决问题的策略。

关键词:小学生;数学教学;问题意识;表达能力

一、关于问题意识

学习就是遇到问题、发现问题、解决问题这样一个不断重复的过程,在其中获得大量的经验及技能。目前我们所倡导的是孩子能主动地接近问题,发现问题,主动地尝试去解决问题,但是在实际的教学工作中我们发现,这一过程绝大部分不是孩子与生俱来的。对数学学科而言,又有它独特的一面,就如图(三年级上册

58页)所示:如果老师从三个层次针对这一主题图来提问,学生会有不同的反馈。

第一个层次提问:从图里你发现了哪些信息?学生的回答是五花八门的,回答有树、有池塘、有小动物等,由此看出很多孩子还没有形成数学特有的思维特点。

第二个层次提问:从图里你发现了哪些数学信息?这个时候学生的回答就更具体一些,有8只鹅,18只鹿……

第三个层次提问:你能提出什么问题吗?这个时候孩子们很活跃,有提问哪种动物最多,哪种动物最少?有提问谁比谁多多少?还有提问不是有24只小兔吗,其余的兔子在哪里?

从表面上来看,学生回答不具体的原因好像是教师的问题指向不够清晰和具体,这些年的数学公开课里,我们的数学老师在类似情况下进行提问时都会加上"你发现了哪些数学信息?""你能提出哪些数学问题?"在我看来,这也许是我们日常对于学生的数学思维训练还有一定的欠缺,难道数学课上,数学老师提的问题不是与数学相关的吗?针对这一问题我仔细思考原因,通过对部分孩子的访谈得知,他们之所以提出各种各样"对"的问题,其实是因为他们心里不清楚接下来要学什么,也就是说对于课堂的目标不明确,为此我就对孩子们进行了关于有效提问的训练。

1.明确目标,提出自己存在的问题

我们的数学课堂采用课前先学、课上互议、难点再教的方式进行。我把第二天数学课的授课内容及目标告诉孩子,孩子在家先自学并完成前置作业,首先让每个孩子准备一个作业本,用来记录课前自学时存在的问题,让孩子们带着问题来到课堂。

开始孩子们不知道该如何提出问题。比如我们在学习"笔算加法"时,很多孩子只提出来"什么是笔算加法?"在学习"倍"的知识时,很多孩子只提出"什么是倍?"而没有深层次地去思考关于这个知识应该要了解的一些问题。我在课上就和孩子一起结合教学目标进行问题梳理,很快孩子们就掌握了一定的方法，能提出一些有价值的问题了。

2. 互助交流，发现别人存在的问题

因为有了课前的自学探究，所以当所有孩子带着问题来到了课堂上，在小组中交流时就有了话题，有的孩子的问题在小组内就能够解决，但是部分孩子所提出的问题其实是伪问题，这一些问题我们希望孩子们能在组内相互交流时就能够被发现，进而被解决，所以我就会引导孩子去倾听和发现别人的问题中存在的问题。在我看来，这是对孩子良好倾听习惯的培养，也是对于逻辑思维能力的训练。比如我们在学习三年级上册“万以内数的加减法(二)”时，有孩子就提出一个问题“为什么要把相同数位对整齐?”同组的另外一个孩子很快就发表了自己的看法，说道：“我觉得你这个问题不是一个真的问题，我们在二年级学习笔算两位数的加减法时就知道这个规则，每个数位上的数字所表示的数量是不一样的，现在是三位数加三位数也是同样的道理。”通过这样一个互相学习和互相质疑的过程引发了孩子们的真正学习。

3. 深层次的问题，引发深层次的思考

数学学科是开放式的，经常有一些开放式的题目让孩子来完成(如右图)。在进行引导以前，多数孩子会提出以下问题：①“葡萄汁比矿泉水贵多少?”②“买两瓶矿泉水多少钱?”等。

你能提出哪些问题并解答?

我觉得数学这门学科是来源于生活又作用于生活的一门学科，为了诱发孩子更深层次的思考，我引导孩子们从生活经验中寻找信息，于是有的孩子就又提问：

“我和爸爸妈妈一起去超市，我买了一瓶葡萄汁，爸爸妈妈各买了一瓶矿泉水，一共需要多少钱?”

我继续引导，商品的价格是固定不变的吗? 于是又有孩子提出新的问题：

“商场搞活动，每瓶矿泉水减 1 元，我买了 5 瓶矿泉水，一共需要多少钱？”

看着孩子们提出的一个个问题，由浅入深，由简到难，还能结合生活经验提出有价值的问题，真的为他们感到高兴。

二、关于正确表达

这些年我关注过很多常态课，通过这些年的观察，我发现数学学科有个现象，就是越是低年级举手回答问题的孩子就越多，到了中高年级，似乎孩子们的积极性就会下降，甚至在老师眼中的部分优等生也是如此，不愿意回答问题。为此我在对同学们作访谈时发现，孩子们不愿意主动表达的原因有以下这些：

一是没有搞清楚所要表达的问题是什么。通过对孩子们的访谈得知，有时是老师或者同学的表述不够清晰和准确，自己没有正确理解需要表达的内容。

二是不敢说。通过对孩子们的访谈得知，不敢主动表达是害怕讲错，害怕来自老师的批评和同学们的嘲笑。

三是不知道该从何说起。通过对孩子们的访谈得知，学生心里感觉很明白，但是就是不知道该如何把自己所知道的向大家讲出来，总感觉自己越说越糊涂。

在我看来，我把学习分为两个层次，第一个层次是能独立地完成学习任务，并取得不错的正确率，通过努力，很多孩子应该能达到这一层次；第二个层次是在前一个层次的基础上能形成较好的思维水平，通过合作学习等方式正确地进行表达进而帮助别的同学获得提升。简单地说就是“会做”和“会讲”两个层次。表达是人多种素养的综合体现，希望孩子们能在跟随我学习数学的这个过程中尽可能多地达到第二个层次。我和孩子们通过实践，把正确的表述分为了“表述前”“表述中”和“表述后”三个部分，每一个部分又根据不同的情境分为“单独表述”“组内表述”和“班级表述”三种操作规范，我们分别进行了有益的尝试并形成了如下的表述规范：

（一）对于表述前，我们这样约定

①单独表述时，认真倾听老师、同学的发言，认真思考即将回答的问题，必要时在练习本上列提纲，静待表述机会并积极举手争取。

②组内表述时，认真倾听同学的发言，认真思考同学提出的问题，根据组长的安排，静待自己表述的机会。

③班级表述时，因为这个时候是面向全体同学到讲台前进行表述和讲解，对孩子的综合要求较高，在表述前应自信地走到讲台中央或者合适的位置，先环视全班同学，如有同学精力不集中可以点名提醒，把大家的目光聚焦到自己这里。

（二）对于表述中，我们这样约定

①单独表述时，可以用“我认为”“我觉得”“我的答案是”等起头，先说出自己想要表达的结果，然后再说我是根据什么依据得出这个结果的，可以用“因为”“所以”等词语进行语言的过渡。

②在组内表述时，可以用“我觉得”“我认为”“我的意见是”“我的答案是”“我和他想的一样”“我的方法是”等起头，在对其他同学的意见作出简单的评价后再发表自己的意见。

③在班级表述时，可以用“请大家随我看黑板”“我们一起再来看看这个问题”“我认为”“我是这样思考的”“我的想法是”“我的答案是”等起头，可以先说出自己想要表达的结果，然后结合黑板或电子白板通过边讲边写的方式和全班交流自己的方法，在表达的时候一定要注意自己的站位和方向，面向大家，注意控制自己的语速，每一个步骤给同学们一定的思考时间，注意观察同学们的质疑，如遇有同学举手提问要及时给予解答。在需要书写的时候，尽量先写后讲，让同学们在听的同时也能有视觉上的任务。

（三）对于表述后，我们这样约定

①在单独表述时，如果你的想法获得了老师表扬并获得了同学们的

鼓励，可以用“谢谢大家的鼓励”“谢谢大家”等礼貌用语。

②在组内进行了表述后，可以用“你们觉得我的这个方法可以吗?”“我的意见就是这样，谢谢大家”“请大家为我想想办法”等礼貌用语。

③在班级进行了表述后，可以用“我的汇报完毕，谢谢大家”“大家觉得我的方法可行吗?”“大家还有什么疑问吗?”等礼貌用语。

也许我们的这些做法还略显稚嫩，但是它确实帮助我们改变了一些之前存在的问题，课堂上孩子们敢于开口说话了，表达思路也更清晰和流畅了。在我看来，关注孩子们在学习过程中产生的真问题，帮助他们找出解决问题的策略也是我们培养学生学科素养的一种途径。诸如此类，只要是能促进孩子积极发展的都是值得我们去认真对待的有益的“真教育”。

学校本真教育校本化实践教学探索(五)

谈本真教学实践中小学美术作业评价的多样性

邱川林

摘　要:小学美术作业评价,是检验教学效果的因素之一,也是美术教学中的重要环节,改变小学美术作业传统的单一评价方式,此评价方式已不适应学生的发展和学习方式的养成。运用多样性的作业评价,促进学生的发展,培养学生的能力,帮助学生了解自己的学习能力和水平,鼓励学生根据自己的特点,提高学习美术的兴趣和能力。

关键词:小学美术;作业评价;多样性

一、树立全新的学生评价观

新的美术课程标准,改变了过去传统的以单纯的学科知识体系所构建的课程,面对新的目标要求,教师应树立全新的学生评价观,应拓展对学生美术评价的范畴。对于美术作业评价,《美术课程标准》论述美术作业评价指出,“要充分肯定学生的进步和发展,并使学生明确需要克服的弱点与发展”。因此,评价标准要体现多样性,适应不同个性和能力的学生的美术学习状况,帮助学生了解自己的学习能力和水平,鼓励每个学生根据自己的特点提高学习美术的兴趣和能力。美术教学其实就是师生双边的交流活动,学生完成作业需要交流、评价,而作业评价是教学中检验学生掌握美术知识和技能,培养学生想象力、创造力和美好情感的主要方式,是检验教学效果的因素之一,也是美术教学中的重要环节,因而,小学美术作业评价的方式就显得尤为重要。

二、作业评价的多样性

在小学美术教学中，评价主要是为了促进学生的发展，培养学生的能力，课程标准倡导“立足过程，促进发展”，因此，作业评价要体现多样性，应适应不同能力的学生，帮助学生了解自己的学习能力和水平，鼓励学生根据自己的特点，提高学习美术的兴趣和能力。

（一）鼓励式评价

我国著名美术教育家尹少淳说，我们对儿童美术的夸赞，除了其纯真的品质外（这种品质在成人世界中是不存在的），更重要的是一种“鼓励”。对于学习不主动，学习兴趣不强，学习能力比较差的学生，学生在完成作业时，教师应多加以鼓励，鼓励他们大胆表现，大胆发挥，而学习能力好的学生也希望有教师的鼓励，运用鼓励式评价方式，应有针对性。它可以有效激发学生的学习兴趣，增强其信心，教师的微笑，教师的眼神，鼓励式的指导和话语，都能激发学生完成好作业的热情和帮助学生正确对待要完成的作业。

（二）自评式评价

学生完成的作业，传统的评价方式是教师进行评价，学生注重的是教师的评价结果，这种评价方式，不利于学生能力的培养，因而，可采用自评式评价方式。学生自己评价自己的作业，学生根据自己完成的作业评一个等级，等级可设置为三个：“A”“B”“C”，不同的等级反映出学生对完成的作业的满意度，如在色彩、造型、想象力等方面运用如何。学生审视自己的作业，从中感知作业中存在的问题，学生会发现哪里表现得不好，会期待在今后完成作业中加以注意和克服，能更好地认识自己、了解自己、反思自己，愉悦内心世界，引发精神上的满足。此自评式评价，有助于学生能力的提高和学习兴趣的培养，有助于学生学好美术，是一种自我学习、自我发现、自我获得、自我创造的过程。

（三）互评式评价

互评是学生通过交换作业，相互评价对方的作业，如对方同学的作业中色彩、造型、想象力等方面运用如何。互评学生是主体，互评有利于增强学生作为学习主体的认识，使学习变成自我行为，互评也能发展学生的自我反思能力，并能在其他同学那里获得学习的动力和发展。教学中互评式评价方式的运用，可让学生在互评中感受学习带来的乐趣，提高学生的美术素养和能力，同样可增强课堂氛围，也是课堂合作学习的一种体现。

（四）分层式评价

分层式评价，是一种有层次的分层评价，根据学生的能力进行评价，学生的能力有不同层次，因此，可以尝试进行分层评价方式，在不同层次中选出值得肯定的学生作业，进行肯定的评价。此分层式评价是教师进行评价，有利于提高学生的学习积极性和促进学生个性的发展，也能激发不同能力层次学生的学习兴趣。

（五）过程式评价

过程式评价是指通过记录学生一学期完成的作业、完成作业的态度、学习用具的准备等方面进行的评价，期末，学生通过过程式评价表，可了解自己一学期作业的完成情况，完成作业的态度、学习用具的准备等情况。作为记录学生学习过程的一种方式，过程式评价可帮助学生正确对待美术学科的学习，了解学习态度和状况，增强学生学习美术的兴趣。

美术教师应明确美术作业评价的重要性，单一的作业评价方式已不适应学生的发展和学习方式的养成，作业评价要注重多样性，要充分肯定学生的进步和发展，并使学生明确需要克服的弱点与发展，还要充分考虑学生个体间的差异，用肯定、欣赏、赞美对待学生的艺术成果，通过评价促进学生能力的发展，情感态度和兴趣的培养。

学校本真教育校本化实践的课题研究(一)

重庆市教育科学规划课题“本真教育的校本化实践研究”课题设计论证书

一、核心概念的界定

1. 本真教育

本真教育是基于学生的全面发展,以“立本求真,日进日新”为教育理念,以学生做“真人”(真知、真用、真人、真情)为培养目标,全面落实素质教育原理与方法,务本向善,求真立美,促进立德树人根本任务完成的教育。本课题中本真教育的实践,是以生活教育的原理与方法,在尊重学生生命本态的前提下,回归教育本源,着力培养学生质朴本色和率真个性的教育实践。

2. 校本化研究

校本化研究是以学校的本真教育实践为校本的目的和要求,以本真课程体系建设为实践的重点,构建学校有特色的育人教育体系的研究。本课题中本真教育的校本化,主要为“课程体系、教师教学、学生活动、校园文化、环境优化”五位一体的素质教育校本化。

二、文献综述

1. 本真和本真教育

“本真”一词,源于法国人文主义作家、思想家蒙田教授《热爱生命》,领悟生命的意义,认识本真的生命。本真的内涵,最早见于《礼记·中庸》

“立天下之大本，知天地之化育”和《论语》“君子务本，本立而道生”。近代教育家卢梭、杜威、陶行知等的自然主义的教育思想、实用主义教育思想、生活教育理论的论著中，都有关于本真内涵的表述。本真教育，一是来自卢梭的自然教育，主张教育必须遵循自然，顺应人的自然本性；二是来自杜威的实用主义，主张“教育即生活”和“学校即社会”；三是来自陶行知的生活教育思考，“千学万学学做真人，千教万教教人求真”。改革开放以来，特别是现代的生命教育、生态教育、生本教育、建构主义等教育原理与方法的渗透和影响，本真教育成为全面实施素质教育，学校教育回归教育本义，凸显教育本色，追求学生本真发展，做“真人”的教育。

2. 本真教育的研究

本真教育作为一种教育思想与教育实践，在国外表现为对学生如何成为“自然人”，即完全自由成长、身心调和发达、能自食其力、不受传统束缚、能够适应社会生活的一代新人的研究。在国内，一些学校和教育机构有比较多的研究成果多见于一些报纸杂志和网络媒体上，如本真教育机构的董事长兼总园长汪锦生女士提出：“在科学与文化发达的现代社会中，人们不仅指望教育要满足个体与社会的基本需求，而且希望教育能面对并参与解决当前与未来的一系列全球性问题，培养出能够适应和解决这些问题的一代新人。教育在为一个尚未到来的社会培养着新人。可见，教育肩负着特殊的重大使命。本真要为未来人才的培养，不断攀登优质教育的高峰。”《江苏教育》2009 年第 2 期刊登了南京市百家湖小学校长刘志春的文章《本真教育的思考与实践》，从营造“本真”的校园环境、追寻本真的课堂教学、涵育本真的教研文化、提高“本真”的教育质量四个方面介绍了该校本真教育的理性思考与实践探索。《新课程》2009 年第 7 期刊登了上海市嘉定区启良中学校长、特级教师李春华的文章《“本真教育”：特色发展的诉求》，认为教育必须“本真”，必须符合客观规律，必须力求做到真正以人为本，学校的教育教学工作必须要着眼于“人”的发展。2011 年 8 月，首都师范大学出版社出版了陈金才的专著《陈金才：追求本真教育》，该书对本真教育的教育思想、教育理论、学校管理、学校德育、阅读教学、作文教学等多方面进行了理论与实践的探索，其核心的研究成果在于学校教育要“坚持回到教育的原点看孩子，回到生命的原点看教育”。

3. 本真教育的实践

陈金才《陈金才：追求本真教育》一书提出本真教育的实践需要从“德育工作的有层次·递进式·系统性实践、教师专业发展的五项修炼实践、学生心理健康教育的三个环节和四种渠道实践、学校体育活动开展的点面结合重提高的实践”四个方面进行。2017 年韩卫东《追求本真的教育实践和思考》一书提出本真教育的实践主要是，本真校园文化营造的实践和本真课堂教学的实践。山东省济南市商河县第二实验学校提出“与本真教育同行，探寻教育之本真”的实践在于从“立本、求真、至善、立己、达人、生态、关联、包容、和谐”九个关键节点上进行教育的实践等。

综上对于本真教育的认识、理解、研究和实践，可以认为本真教育是一种教育的“不忘初心，继续前行”，是对于学生发展的本源性，学校教育的校本性，学校教师的本真素质教育的认识、理解、研究和实践。然而，对于本真教育如何从课程体系建设上构建学校完整的教育体系，如何强化校园文化建设中追求本真教育的主题文化建设，如何把学生做“真人”放到教育的立德树人任务落实上，以及本真教育的校本化实践等，上述文献不能有效地提供成果与经验。本课题研究提出的本真教育的校本化实践研究，一是借鉴上述关于本真教育的认识、理解、研究成果；二是基于本校承担过的本真课程体系建设的实践研究成果；三是基于本真教育在学校深化教育改革中面临的新内容、新形式、新技术、新方法而提出的。

三、选题意义及研究价值

（一）选题意义

1. 深化教育改革的意义

全国教育大会指出教育是民族振兴、社会进步的重要基石，是功在当代利在千秋的德政工程，对提高人民综合素质，促进人的全面发展，增强中华民族创新创造活力，实现中华民族伟大复兴具有决定性意义。本课题研究以“课程体系、教师教学、学生活动、校园文化、环境优化”五位一体的素质教育校本化为途径和对策，力求回归教育本源，遵循教育规律，不忘初心，教人求真，学做真人，促进学生自主、自然、自觉、个性化、多元化发展，因此有全面深化教育改革，落实立德树人根本任务的意义。

2. 学校特色发展的意义

教育部《关于全面深化课程改革 落实立德树人根本任务的意见》指出，落实立德树人根本任务，要加强基础教育课程建设；学校的发展，需要基于学生的核心素养的培养，把课程育人建立在学校的特色课程体系建设上，建立在统筹和整合课程资源上。本课题研究以本真教育的原理与方法校本化实践，特别是本真教育的教育现代化为重点，全面落实党的教育方针，从打造学校本真课程体系特色，建构本真教育管理、教育文化、教师队伍、学生成长环境等科学合理教育体系上推进学校的特色发展，具有重要的实践意义。

（二）研究价值

1. 理论价值

党的教育方针在新时期强调立德树人根本任务，要求全面实施素质教育，同时面对新技术革命，基础教育的大数据时代，需要学校针对面向未来发展的需要，开展有校本研究、校本培训、校本课程、校本质量提高的理论研究。本真教育的校本化实践研究，是学校基于“立本求真，日进日新”教育理念，以学生做“真人”（真知、真用、真人、真情）为培养目标，推进课程与教学改革走向深入研究，对学校的校本化素质教育原理与方法都有其研究的理论价值。

2. 实践价值

深化学校的课程改革，要立足于课程育人功能的发挥，强调课程体系建设和面向学生的全面发展。本真教育的校本化实践研究，一是具有课程体系建设校本化的实践价值。二是具有学校文化建设，特别是校本化课程教学文化、学生行为文化建设的实践意义。三是具有引领教师发展，促进教师追求本真教育目标，落实本真教育培养“真人”的教育实践意义。

四、研究目标

学校深化教育改革，建构本真教育体系和追求本真教育特色是本课题研究的总体目标，具体的教育目标有三个方面。

1. 培养本真教师队伍

引导教师理解把握本真教育的内涵，更新教师立德树人的教育观念，注重培养具有本真教育“立本求真，日进日新”教育理念，有本真课程体系建设能力的教师队伍。

2. 形成学校“本真教育校本化实践”的教育特色

以学校课程体系建设特色，学校本真文化建设特色，学生本真发展特色为重点，推进学校的教育改革深化，全面实施素质教育。

3. 完善本真教育校本化的理论与实践

本真教育作为教育思想、教育理念、教育原理和方法，需要具体落实到学校的各个方面之中，课题研究力求具体化落实本真教育。

五、研究内容

1. 小学本真教育校本化的基本认识和发展途径及对策研究

重点是充分吸收各地各校开展本真教育理论与实践研究成果，结合学校本真课程体系建设，构建学校本真教育“五位一体”教育体系的发展途径与对策研究。

2. 小学本真教育校本化实践物化成果与学生学做“真人”内容与评价的研究

重点是结合“课程建设的校本化、学校文化建设的本真特色化、学生发展的真人化、学校改革的队伍现代化”四化成果物化进行研究。

六、研究假设及拟创新点

（一）研究假设

1. 校本化是学校改革深化的重要途径

校本化是以校为本、以生为本和以学校发展为本，本真教育作为素质教育的一种教育选择，其教育思想、教育理念、教育实践，特别是课程与教学，都需要有校本化的具体实践。本课题的研究，是针对本真教育的理论与实践，特别是具体化的途径与对策的研究，是学校深化改革的一种思考与选择，其研究必将促进学校的改革发展。

2. 本真教育"五位一体"的校本化实践有助于办学特色发展

以本真教育一体化建设的实践为引领，从"课程体系、教师教学、学生活动、校园文化、环境优化"五位一体的素质教育校本化上探索学校的办学特色，着力校本课程、校本培训、校本评价管理等实践研究，有利于加强学校管理文化、组织文化、课程文化、教师文化、环境文化建设，促进以"本真教育"原理与方法实践为主导的学生本真素质教育。

（二）研究创新点

1. 本真教育的理论创新

本真教育理论与实践在新的教育方针、新的教育内容、教育技术、教育目标下，如何实现创新充实与完善，校本化是个案化与行动化的研究手段，对于实现本真教育的理论创新十分必要。

2. 本真教育的实践特色呈现

学校的教学特色要有一个相对完整的教育体系，本课题研究从"五位一体"的素质教育校本化上探索学校的办学特色，致力于"本真教师、本真学生、本真校园"的建设，助推教师发展，顺应孩子的天性，力求"教师发展之真，学生成长之真"，逐步创建一条"本真教育"的特色发展之路。

七、研究思路和方法

（一）研究思路

总体思路，专家引领—整体设计—课程建设—校本实践—学生成长。

1. 专家引领

课题研究聘请专家指导，强调本真教育的专业思考与实践，针对本真教育的学校校本化实践的原理与方法，着力建构有学校特色的专家指导体系。

2. 整体设计

依据学校本真课程体系进行实践，邀请专家学者到校为全体教师进行系统的理论培训，学校成立课题研究组，整体思考本真教育校本化体系，提出推进“五位一体”学校素质教育校本化的方案。

3. 课程建设

以本真课程体系建设的校本化为龙头，以“本真教师、本真学生、本真校园”三本为主线，以本真课程与教学、本真学生发展问题为主导，以促进学校育人有本真特色为主要目标，坚持理论构建与实践探索相结合，积累经验，形成体系。

4. 校本实践

以认识、理解、研究与实践本真教育的途径和对策为校本实践的主线，在本真教育的理论、方法、技术、环境的不同方面，提高认识与理解水平，形成研究成果，创造良好环境条件。

5. 学生成长

本真教育的最终目标是培养符合素质教育的“真人”，学生成长为具有“真知、真用、真人、真情”的真人，是学校育人功能所需要达成的最佳教育效果。

（二）研究方法

1. 文献法

通过报刊检索、网络检索等途径，搜集整理国内外关于本真教育理论与实践资料，并加以分析、归纳和研究，为本真教育校本化提供原理与方法。

2. 调查法

根据本真教育的要求，重点调查学校本真教育实施现状，特别是课程与教学的校本化现状。

3. 经验总结法

通过对本真课程与教学实践经验的总结，针对学生学做真人的活动开展及质量评价要素，不断研讨交流，归纳与分析本真教育校本化实践经验。

4. 行动研究法

将学校研究制订的推进"五位一体"素质教育校本化方案进行实施，边实践，边研究，边总结，边提升，通过应用来进一步完善研究方案，丰富研究成果，扩大研究效益。

5. 个案法

把本真教育的课程、教学、学生成长中的好的个案进行分析，在实际中提炼好的对策与内容，以点带面，推进课题研究。

八、实施步骤

本课题研究的周期定为三年（2019 年 5 月—2022 年 5 月），主要区分为三个阶段：

1. 准备阶段（2019 年 5 月—2019 年 12 月）

主要任务有：填写申报书申报立项，研究制订实验方案，成立课题专家小组与领导小组，组建课题研究中心组，建立课题档案；加强理论学习和调查研究，培训课题研究人员等。

2. 实施阶段(2020 年 1 月—2021 年 12 月)

主要任务有：召开课题研讨开题会，专家指导与课题小组研讨方案；组织课题组培训与召开课题专题研讨会，如研究本真课堂、本真教师、本真学习活动、本真环境创高级等，对前期研究做小结，制订学生“真人”素质评价量表，梳理总结研究过程中的经验成果，形成课题研究过程性资料，完成中期报告与论文交流，出版校本教材与研究专著等。

3. 总结阶段(2022 年 1—5 月)

综合实施阶段情况，形成研究报告，完成本真教育体系整体建设方案，呈现本真教育研究专著，完成有关成果整理，申请课题结题等。

九、预期成果

①本真教育“五位一体”体系建设整体推进方案。

②本真教育课程与教学校本化实践研究成果：论文、调研报告等。

③学生“真人”素质评价指标和量表。

④学校教师队伍建设成效。

学校本真教育校本化实践的课题研究(二)

重庆市九龙坡区第六届
优秀教育科研成果评选
申报·评审书

申请类别:基础教育类

成果名称:本真课程体系建设的实践研究

申 请 人:薛 萍

主要参加者:杭元康 王剑平 赵 颖 张 敏 刘灵丹 李 晓

申请单位:重庆高新技术开发区陈家坪小学校

申请时间:2018 年 12 月 19 日

重庆市九龙坡区教育委员会

2018 年 5 月印制

填报说明

①请按各表栏目如实填写。“申请类别”选填基础教育类、职业教育类和高等教育类。跨类别的成果，请选主要的类别填写。

②“社会成果反映”：应写明是否被译成他种文字、再版或多次印刷；是否有刊物转载；是否有重要会议报告；是否有其他相关评价等，并提供相关资料。

③“成果引用或被采纳情况”：应写明引用书名或刊期、次数，以及采纳单位和采纳情况，并提供相关资料。

④申请表一式 3 份，一律用 A4 纸双面印制，左侧装订。

⑤第六届九龙坡区教育科学研究优秀成果评奖办公室设在九龙坡区教师进修学院科研中心。

通信地址：杨家坪新华七村 1 号九龙坡区教师进修学院 206 办公室

邮政编码：400050；联系电话：68418588

电子邮箱：447176401@qq.com

一、申报人情况

姓名	薛萍	出生年月	1968.05	
专业技术职务	高级教师	行政职务	校长	
工作单位	重庆高新技术开发区陈家坪小学学校		联系电话	××××
通信地址	重庆市高新区陈家坪石杨村三号		电子邮箱	417373744@qq.com
主要参加者（限6人）	姓名	单位	专业技术职务	主要贡献
	杭元康	陈家坪小学	一级教师	课题的总体设计
	王剑平	陈家坪小学	高级教师	课题研究统筹和协调
	赵　颖	陈家坪小学	一级教师	负责“思维训练”课程的设计和实施
	张　敏	陈家坪小学	一级教师	负责“写字”“诵读”课程的设计和实施
	刘灵丹	陈家坪小学	二级教师	负责“七彩课程”的设计和实施
	李晓洁	陈家坪小学	二级教师	负责课题资料的搜集和整理

二、成果简况

成果名称	本真课程体系的实践研究		
成果形式	□著作　□论文　■课题　□被采用的决策咨询报告等		
著作出版、论文发表、课题下达、咨询报告采纳单位	课题下达单位：重庆市教育学会	著作出版、论文发表、课题结题、咨询报告采纳时间	课题结题时间：2018.10

续表

	时间	成果名称	奖项名称	获奖等级	颁奖部门
成果获奖情况	2015.04	二胡合奏《蜗牛与黄鹂鸟》	2015年九龙坡区中小学校园艺术展演艺术表演类比赛	一等奖	九龙坡区教育委员会
	2015.05	集体跳长绳小学组	重庆市2015年中小学生跳绳比赛	二等奖	重庆市教育委员会
	2017.12	集体跳长绳	2017年九龙坡区青少年踢跳锦标赛	第四名	九龙坡区教育委员会
	2017.12	团体总分	2017年九龙坡区青少年踢跳锦标赛	第六名	九龙坡区教育委员会
	2017.05	集体长绳	重庆市2017年中小学生跳绳比赛小学组	二等奖	重庆市教育委员会
	2017.05	花样跳绳	重庆市2017年中小学生跳绳比赛小学组	三等奖	重庆市教育委员会
	2017.12	让学生的作业书写整洁起来	九龙坡区第二届基础教育优秀小课题评选	二等奖	九龙坡区教育委员会
	2017.12	经典诵读提升学生表达能力的实践研究	九龙坡区第二届基础教育优秀小课题评选	三等奖	九龙坡区教育委员会
	2017.12	二胡学习兴趣培养实践研究	九龙坡区第二届基础教育优秀小课题评选	三等奖	九龙坡区教育委员会
	2017.10	食物在体内的旅行	九龙坡区第四届微课大赛	一等奖	九龙坡区教师进修学院
	2018.04	《弘扬传统文化 增加语言积累 促进语言运用》	第十四届全市基础教育课程改革征文大赛	二等奖	重庆市教育科学研究院

续表

成果获奖情况	2018.04	《提高小学生书写意识问题及表达能力的实践研究》	《提高小学生书写意识问题及表达能力的实践研究》	二等奖	重庆市教育科学研究院
	2018.05	4×1 分钟接力跳绳	重庆市 2018 年中小学生跳绳比赛小学组	二等奖	重庆市教育委员会
	2018.05	集体跳长绳	重庆市 2018 年中小学生跳绳比赛小学组	三等奖	重庆市教育委员会
社会成果反映	学校学生学业水平综合排序连续上升，从 2016 年的全区排名第 34 位，到 2017 年的全区排名第 23 位，再到 2018 年的全区排名第 16 位，连续三年呈现稳步上升的趋势，说明了我校开展的课程体系研究工作真实地指导了学校的教育教学工作，取得了明显的效果。学校质量的提升，赢得了家长的支持和配合。从学校的一个艺术节活动，就获得家长 4 万多的点击率，就可以看出家长对学校的办学是满意的，对学校发展的未来是充满期望的。				
成果引用或被采纳情况	参与区课程体系建设相关专题交流会，在部分学科课程体系建设过程中得到相关专家的肯定。				

三、成果内容简介

1. 问题的提出	本课题研究是基于学校“立本求真，日进日新”的办学理念，基于“立足本源，探求真理”的课程理念，基于“为学生的终身发展奠基”的美好愿景，为贯彻落实《国家中长期教育改革和发展规划纲要(2010—2020)年》和教育部《关于全面深化课程改革 落实立德树人根本任务的意见》(教基二〔2014〕4 号)的精神，根据《重庆市九龙坡区教育委员会关于全面推进中小学校课程体系建设的指导意见》(九龙坡教办〔2015〕7 号)和《重庆市九龙坡区教师进修学院关于全面推进中小学课程体系建设的实施方案》(九进发〔2015〕5 号)等，进一步推进学校课程体系建设，对原有的基础课程进行狭义的整合——即将两种学科、两种以上学科，融合在一堂课中进行教学。同时根据我校的学情开发符合我校学生实际的校本课程，利用课程整合后剩余的学习时间拓展学生的思维，增加语言的积累，促进生活的实践，从而形成我校的本真课程体系。

续表

2. 解决问题的过程与方法	一、解决问题的过程 1. 成立课题小组。课题研究小组成员名单及分工如下: 组长:薛萍(负责统筹课题研究全局,指导课题开展工作)。 副组长:杭元康(负责课题资料整理打印,以及日常课题工作开展管理及记录)。 组员:王剑平、赵颖、张敏、刘灵丹、熊贵明、廖芙蓉、汤世君、李晓洁、汤献勇、黄俭(负责课题实验,开发校本教材,研制课程实施方案等)。 2. 确定技术路线。课题研究以"顶层设计、实践探索、重点突破、问题解决"为原则,采取"确定研究目的和方案—加强学习、转变观念—调研分析、提出问题—实践探索、解决问题—总结提炼、形成成果"的思路。 3. 开展调查研究。根据课题研究的进程,开展"我喜欢的活动"的调查、"你对学校现有课程(学科)的设置的满意度调查"等。 4. 制订研究计划,定期开展研讨活动。制订研究计划和实施方案,保证课题开展有序、有效、有成果。定期开展研讨活动,针对在各种课程实施过程中出现的问题,开展富有针对性的主题研究。 5. 进行总结反思,物化成果。及时召开课题组总结会,总结经验并整理课题实施的过程性资料,物化成果。 6. 区分阶段: ——准备阶段(2015 年 5—12 月):做好课题的申报和论证;组建课题组,商议研究计划;请有关专家对课题组成员开展研究方法和有关理论的培训;撰写开题报告和召开开题会。 ——实施阶段(2016 年 1 月—2017 年 12 月):课题组按照课题研究实施方案,初步实施研究;组织理论学习,邀请有关专家针对课题实验进行理论指导;组织课题组成员学习研究《基础教育课堂改革纲要(试行)》,九龙坡区课程体系建设相关的文件,组织课题组成员理论学习研讨交流的活动;开展每两月一次的课题讨论活动,开展调查问卷活动。 ——总结阶段(2018 年 1—6 月):处理数据资料,整理研究成果,开展调查问卷活动;召开有关专题研讨会和成果展示会;撰写课题研究报告和开展每月一次的课题讨论活动;成果的整理和出版。如将研究过程中老师有创新的、有价值的论文、课例、录像等加以整理、推广,结题鉴定等。 二、解决问题的方法 1. 文献法。通过文献检索,收集、整理国内关于"课程体系建设"介绍和实践的文献资料,形成相应的文献综述和学习材料,供参研教师学习讨论。为老师们提供课程体系建设的理论书籍,《校本课程开发的理念与策略》和《校本课程开发》等。 2. 调查法。根据实验需要采用问卷、访谈、测评等形式进行调查分析,开发

续表

<table>
<tr><td>2. 解决问题的过程与方法</td><td>出孩子喜欢的课程,老师又便于操作的课程设置。在课题研究的总结阶段,通过问卷调查,了解学生在学校课程建设中的满意度以及对学校开展课程建设的意见和建议。
3. 行动研究法。以学校各校本课程开发者为研究主体,以全体教师为研究对象,在调查了解的基础上,制订分阶段研究的方案与实施细则,以“计划—实施—反思—总结”的形式开展。</td></tr>
<tr><td>3. 主要创新和学术价值</td><td>一、主要创新
1. 构建出“本真”课程体系框架
陈家坪小学“本真”课程体系基本结构图

2. 探索出“本真”课程体系实施策略
—课程建设的总体思路:“一核,两规,三全”。“一核”——以核心素养为核心;“两规”——遵循规律、整体规划;“三全”——全科育人,全程育人,全员育人。
—“学校课程体系建设”中的四个方面作为四个模块具体细化实施:部分国家与地方课程整合实施研究;小学生语文素养提高工程实施研究;校本课程规划与实施研究;隐性课程建设研究。
二、学术价值
突出学校课程在学校教育实践中的核心地位,推动学校相关人员课程领导力、研究力、开发力、执行力、评价力的提升,逐步实现国家和地方课程校本化,逐步构建基于学校基础、面向未来、强调未来所需关键能力的培养、具有各校特色的学校课程体系,推动学校全面转型发展,为深入实施素质教育奠定良好的课程基础。</td></tr>
<tr><td>4. 成果的主要内容</td><td>1. 提高了干部教师课程体系建设的认识,转变了教育观念,构建形成了“本真”课程体系框架。
2. 形成了本真课程体系框架图和探索出了“本真”课程体系实施策略。
3. 完善各课程设置,使各课程之间有机结合、互弥互补。
4. 形成各拓展课程(校本课程)操作手册、评价手册等。
5. 编辑陈家坪小学本真课程体系专辑。
6. 形成一批案例集、论文集、光盘等。</td></tr>
</table>

续表

<table>
<tr>
<td>5. 成果应用及效果</td>
<td>
一、教学质量逐年上升

通过学校“本真”课程体系的建设，增强了老师的课程意识，拓展了课程资源，培养了学生的核心素养。学校学生学业水平综合排序连续上升，从 2016 年的全区排名第 34 位，到 2017 年的全区排名第 23 位，再到 2018 年的全区排名第 16 位，连续三年呈现稳步上升的趋势，说明了我校开展的课程体系研究工作真实地指导了学校的教育教学工作，取得了明显的效果。
二、发展学生个性特长
学校立足对学生核心素养的培养，发展学生的体育艺术特长，学校的二胡社团在 2015 年重庆市九龙坡区中小学校园艺术展演艺术表演类比赛荣获一等奖。跳绳社团在 2015 年重庆市九龙坡区中小学校园艺术展演艺术表演类比赛中荣获区一等奖，在重庆市 2015 年中小学生跳绳比赛集体跳长绳小学组荣获市二等奖，在 2016 年九龙坡区中小学跳踢比赛小学组集体跳长绳比赛获第二名，重庆市 2017 年中小学生跳绳比赛小学组集体长绳获二等奖。九龙坡区中小学跳踢比赛小学组集体跳长绳比赛区级第二名、九龙杯运动会获区三等奖，九龙坡区中小学跆拳道锦标赛分别获区一、二等奖 11 人次。

三、办学水平不断提高
办学目标明确，管理规范科学，工作务实进取，教育教学质量稳步上升，办学条件设施不断改善，时任领导汪平副区长、石继东区长、宋泓常务副区长及二郎街道周元富、周泓举书记及教委领导都曾莅临关怀。对学校的办学评价为：用心做教育，有温暖的学校，精致的学校。
四、学校和教师获奖不断增加
1. 学校分别荣获九龙坡区“教育教学先进集体”、九龙坡区综合目标考核一等奖、九龙坡区中小学阳光体育大课间展评活动二等奖等荣誉和成绩。学校在 2017 和 2018 年九龙坡区学校督导考评中荣获二等奖，在 2018 年 10 月区教师进修校课程体系建设专项督查中获得与会领导的一致好评，优质课率 60%，取得的成绩多次受到上级的肯定和表彰，产生了较好的社会效益。
2. 2015—2018 年，老师论文获区级一等奖 2 人次，二等奖 3 人次；市级二等奖 8 人次，三等奖 16 人次。有 8 人次论文在各类杂志上发表，有 32 人次在各类教师专项比赛中获奖。
</td>
</tr>
</table>

学校本真教育校本化实践的课题研究(三)

重庆市教育学会课题
“本真课程体系建设的实践研究”研究报告

一、研究背景及意义

(一)研究背景

改革开放以来,我国基础教育取得了辉煌成就,基础教育课程建设也取得了显著成绩。为贯彻中共中央国务院《关于深化教育改革全面推进素质教育的决定》(中发〔1999〕9号)和国务院《关于基础教育改革与发展的决定》(国发〔2001〕21号),教育部决定,大力推进基础教育课程改革,调整和改革基础教育的课程体系、结构、内容,构建符合素质教育要求的新的基础教育课程体系。

重庆市九龙坡区教育委员会印发的《关于全面推进中小学校课程体系建设的指导意见》,要求利用五年左右的时间,各中小学校基本建立和完善科学、高效、个性化、有特色的课程体系,为学生的个性发展、自主发展创造条件,为教师的专业化成长搭建平台,为学校面向未来的特色发展奠定基础。

陈家坪小学基于学校“立本求真,日进日新”的办学理念和“立足本源,探求真理”的课程理念,以及“为学生的终身发展奠基”的美好愿景,根据我校的学情开发符合我校学生实际的校本课程,利用课程整合后剩余的学习时间拓展学生的思维,增加语言的积累,促进生活的实践,从而形成我校的本真课程体系。

陈家坪小学的前身是重庆热水瓶总厂子弟校，2002年更名为“陈家坪小学校”。陈家坪小学地处城乡接合部，生源70%为外来务工人员子女。孩子们淳朴好学，但是由于家庭环境和家庭条件的限制，同学们学习的资源多来于学校，家长大多不能对孩子的学习提供更多的条件和支持。而学校现有的课程主要是国家的基础课程，教学内容之间又有很多重复和交叉的部分，造成学习时间的浪费。学校虽然有课外兴趣小组及我校的特色课程，但是比较散乱，没有规范的校本教材，无法形成完整的体系，课程没有较完善的评价标准。我们基于学校“立本求真，日进日新”的办学理念，基于“立足本源，探求真理”的课程理念，基于“为学生的终身发展奠基”的美好愿景，决定对原有的基础课程进行狭义的整合——即将两种学科及两种以上学科融合在一堂课中进行教学。同时根据我校的学情开发符合我校学生实际的校本课程，利用课程整合后剩余的学习时间拓展学生的思维，增加语言的积累，促进生活的实践，从而形成我校的本真课程体系。

（二）研究的意义

开展学校课程体系建设，为贯彻落实党的教育方针，把培育和践行社会主义核心价值观融入学校教育全过程，突出学校课程在学校教育实践中的核心地位，推动学校相关人员课程领导力、研究力、开发力、执行力、评价力的提升，深化课堂教学改革，为全面提高育人质量奠定基础。

1. 深化课程改革的需要

加快学校课程体系建设，是深入实施素质教育、真正实现“减负提质”的需要，是进一步提高学校干部教师专业化水平的需要，是解决校内现有课程存在问题的需要。

2. 学校内涵发展的需要

课程是学校内涵发展的核心领域，学校课程体系建设的强弱，决定着学校是否能够规范化、高质量、有特色地持续发展。

3. 师生成长的需要

校长、教师是课程建设和实施的核心主体，是校本课程的开发和实施者,其专业素养的高低直接决定了学校教育教学的质量和水平。通过学校课程体系的建设,培养老师的大课程观,提升老师的教学水平,提高学校的教育质量。我们要通过对现有课程部分内容的整合,以及对校本课程的开发,让学生不仅掌握国家课程规定的基本知识和基本技能,还让学生在丰富多彩的拓展课程、实践活动、社团活动中合作、探究,培养面向未来的人才所具备的基本素质,为学生的终身发展奠基。

二、理论基础及依据

1. 自然教育理论

卢梭在自然教育理论中提出,教育应顺从于大自然的法则,发展人的天性。可见,卢梭的自然教育集中表现在对人的自然本性的充分肯定和培养自然人性、理想人格方面,主张以自然为教育的理想准则,接近自然,取法自然,返回自然,归顺自然。

2. 儿童中心论

把教育的重心从教师、教材那里转移到儿童身上,这就是杜威倡导的“新教育”(或“进步教育”),也就是“以儿童为中心”的教育。这里,儿童变成了太阳,而教育的一切措施则围绕着他们转动;儿童是中心,教育措施便围绕着他们而组织起来。

3. 泰勒原理

泰勒原理是以“课程目标”为中心,根据课程目标选择与组织作为“教育手段”的“学习经验”。简单地讲,就是确定目标、选择经验、组织经验和评价结果。依次对这些问题加以解决,也就形成课程设计的程序。

4. 中国学生发展核心素养

正式发布的“中国学生发展核心素养”共分为文化基础、自主发展、社会参与三个方面,综合表现为人文底蕴、科学精神、学会学习、健康生活、责任担当、实践创新六大素养,具体细化为国家认同等 18 个基本要点。学生发展核心素养将成为课程设计的依据和出发点。

三、核心概念界定

1. 本真

求真语出陶行知“千教万教教人求真，千学万学学做真人”。立本是求真的归宿，求真为了立本；同时，也只有注重立本，方可更好地求真，使之回归教育本义，凸显教育本色。本课题中本真，本是指坚持以基础课程为本，以育人为本，以师生发展为本；真是指要尊重客观，适应规律，以促进人的发展为终点，为学生的终身发展奠基。本真教育即着力培养学生质朴本色和率真个性的教育，其核心理念是立本求真。

2. 本真课程体系

本真课题是指在“立本求真，日进日新”办学理念指导下，以“真知、真用、真人、真情”为培养目标，以国家课程、主题课程、拓展课程构成的立体化的课程体系。该体系由科学与创新、艺术与审美、数学与思维、语言与表达、健康与体育、社会与生活六部分组成。

四、国内外相关研究综述

虽然课程体系建设动静比较大，学科教师和教研部门一般不能完成，应当由省市级以上的教育机构来负责组织、实施和推广，但是仍然有部分学校积极探索，建立了校本特色的课程体系，走在了课程改革的前沿。

清华大学附属小学“1+X 课程”育人体系：清华大学附属小学秉承既往“三个超越”的教学理念，运用“主题教学”中“整合”的思维方式，在遵循国家教育方针，落实国家规定课程的基础上，结合学校特点及学生情况，构建了“1+X 课程”育人体系，为学校深入开展课程改革打下了坚实的基础。

谢家湾小学“小梅花”课程体系：谢家湾小学解构原有课程体系，通过课程内容整合、人与课程整合、人与人的整合，解构了原有课程体系，建构了学科课程、社团课程、环境课程三类一体的学校课程体系。此外，还有北京十一学校可供学生选择的普通高中学校课程体系，山东省实验中学的多元课程体系建设都取得有目共睹的成效。

综上所述，以上学校在课程体系建设方面取得了一些成就，但是我校的硬件设施、师资力量等与这些学校有很大的差异，不适宜对这些学校的课程体系建设照搬硬套。我们将在广泛吸纳以上学校研究成果的基础上，依据本校特点，在课程体系建设方面（包括课程整合和校本课程开发）做出一些有益的尝试和探索。

五、研究目标及内容

（一）研究目标

①构建“本真”课程体系，培养学生具有人文底蕴、科学精神、自主发展、健康生活、社会参与、实践创新的核心素养。

②探索出“本真”课程开发和实施策略，提升教师的课程开发和实施能力。

③通过课题研究，深化学校的课程改革，提升整体育人质量。

（二）研究内容

①本真课程建设前后学校的现状研究。

②构建“本真”课程体系框架图。

③探索“本真”课程实施策略研究。从课程目标、课程结构、课程内容、课程资源、课程实施、课程保障和课程评价七个方面进行研究。

④“本真”校本课程研制。

⑤探索“本真”课程评价工具标准。

六、研究对象及范围

全体教师及课程、全校学生。

七、研究方法及运用

1. 文献法

通过文献检索，搜集、整理国内关于“课程体系建设”介绍和实践的文献资料，形成相应的文献综述和学习材料，供参研教师学习讨论。为老师们提供课程体系建设的理论书籍如下。

书 名	主 编	出版社
《校本课程开发的理念与策略》	勒玉乐	四川教育出版社
《校本课程开发》	李臣之	北京师范大学出版社

通过学习，老师们体会到校本课程开发的目的是让所有的学校都“动起来”，让所有的教师都“站起来”，让所有的学生都“飞起来”，让所有的教育参与者都“沟通起来”。课程建设是理论指导实践，在实践中反思再实践，从而用实证来证明课程建设的效果。

2. 调查法

根据实验需要采用问卷、访谈、测评等形式进行调查分析，开发出孩子喜欢，老师又便于操作的课程设置。在课题研究的总结阶段，通过问卷调查，了解学生在学校课程建设中的满意度以及对学校开展课程建设的意见和建议。

比如在写字校本课程实践中，通过问卷调查了解学生的学习效果。

学校开展写字课程以来，通过坚持每天中午 15 分钟的书法练习，你觉得自己的写字能力有没有得到提高？（单选题）

选 项	小 计	比例/%
一点进步都没有	0	0
一般	7	13.73
有一点进步	13	25.49
有很大的进步	31	60.78

注：本题有效填写人次为 51 人。

从问卷中看出写字校本课程对提升学生书写能力有很大的助力。

3. 行动研究法

以学校各校本课程开发者为研究主体，以全体教师为研究对象，在调查了解的基础上，制订分阶段研究的方案与实施细则，以“计划—实施—反思—总结”的形式逐步推进。

在写字课程实施过程中，我们采用了以下策略：

（1）“三个一”动态管理，落实重组写字课程

通过行动研究，对学校写字校本课程进行了修改，印刷了第二版，与国家教材结合更加紧密，在写字练习中也复习了课文内容。

（2）以赛促学，提升写字课程

同样，在诵读和七彩课程中，我们也采用具体的策略、路径落实我们的研究。

八、研究成果

（一）摸清了实施课程体系建设前后学校教师对课程体系建设的认识度

为了更好地说明这个问题，我们在开展课程体系建设实践活动前和开展了两年之后，用同一张问卷进行了调查。从下面的柱状图为部分问题的回答，可以看出在实践活动中，教师的思想观念得以转变，教学方式大有改变。

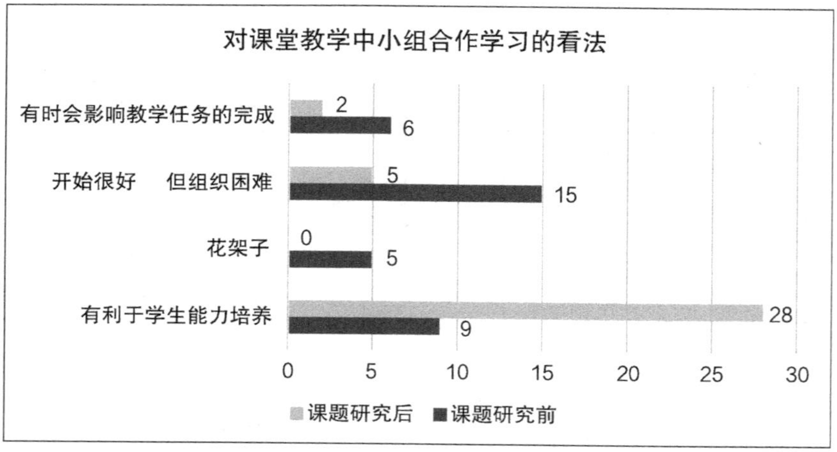

（二）构建出“本真”课程体系框架课

课题组在深研各学科课程标准，参研了大量文献，经过各方广泛讨论

之后，明确了回归教育本义，凸显教育本色的办学思想，我们进而形成“立本求真，日进日新”的办学理念，以“真知、真用、真人、真情”为培养目标，以此统领我校课程体系建设。根据我校校情，在保持国家课程和地方课程不变的前提下，围绕学校办学理念、学生培养目标和特色，与国家课程、地方课程合编为学校课程体系，形成“基础课程+拓展课程+主题课程”为主线的学校课程体系。

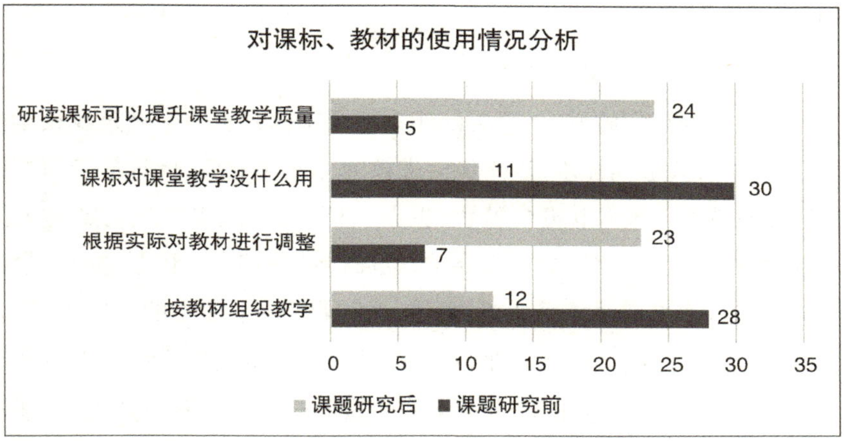

课程目标：培养学生具有人文底蕴、科学精神、自主发展、健康生活、社会参与、实践创新的核心素养。

课程结构：本真课程体系结构分为六大板块（语言与表达、健康与体育、社会与生活、数学与思维、艺术与审美、科学与创新）。每个板块下面又分为基础课程、拓展课程和活动课程三个方面。在每个方面根据师资特点和课程内容特点，设计出各种具体课程内容等。

课程内容：基础课程（国家课程）、拓展课程（鞋子、阅读、思维训练、二胡、跳绳、舞蹈等）、主题课程（知识竞赛、飞花令、诗词对答、演讲比赛、书法比赛、诵读展演等）。

课程资源：充分开发和利用校内资源、校外资源、网络化资源。校内资源，包括本校教师、学生、学校图书馆、实验室、专用教室、动植物标本、矿物标本、教学挂图、模型、录像片、投影片、幻灯片、电影片、录音带、

VCD、电脑软件、教科书、参考书、练习册，以及其他各类教学设施和实践基地等；校外资源，指公共图书馆、博物馆、展览馆、科技馆、家长、校外学科专家、上级教研部门、大学设施、研究机构、有关政府部门、其他学校的设施、学术团体、野外、工厂、农村、商场、企业、公司、科技活动中心、少年宫、社区组织、电视、广播、报纸杂志等广泛的社会资源及丰富的自然资源；网络化资源主要指多媒体化、网络化、交互化的以网络技术为载体开发的校内外资源。

（三）探索出本真课程体系实施策略

策略一：制订实施方案，顶层设计本真课程体系。为了满足我校学生全面而有个性发展的需求，进一步促进教师专业化发展，推进学校课程建设，突显我校教育理念和办学特色，根据《基础教育课程改革纲要》《九龙坡区课程体系建设方案》的有关要求，全面推进学校课程体系建设。学校制订并实施《本真课程体系实施方案》。在课程体系建设的方案中，明晰了学校课程设计理念，以规范性、差异性、生本性、生成性为课程建设的基本原则，完善基于“立本求真，日进日新”的学校课程体系设计思路，通过课程开发、实施和评价，采取逐步推进的策略，力争成熟一个推进一个，让学生的知识技能、行为习惯、社会合作、创新能力等得到提升。

策略二：建立长效机制，保障本真课题体系的实施。

1. 健全措施保障，为课程体系建设保驾护航

（1）健全组织，强化领导

学校成立以校长为组长的领导小组，全面负责此项工作的组织、指挥和监督。领导小组定期召开会议，解决研究中出现的困难和问题，保障研究的顺利开展。

（2）制订管理制度，强化落实

学校建立了三个层次级别的组织机构。

①（第一级）校本课程开发领导小组，负责学校校本课程实施方案的制订，决定实施该课程的年度计划及相应步骤。负责宏观上保证课程的校内外教育资源的开发等。

②(第二级)科研处、教导处。科研处:负责课程的开发和管理;教导处:负责教师培训和专家指导,指导班主任组织学生有序上课与开展活动。

③(第三级)班主任、校本课程任课教师,形成学校内部的管理与教学具体指导。

(3)配齐教师,注重培训

配置任课教师是开展校本课程的又一基本保障内容。根据学校人员少,师资紧张的现状,学校充分发挥在职教师的特长,并配置了校外辅导员,做好了培训工作,整体提高了教师的科研水平。

(4)及时总结,积累资料

校本课程的指导教师重视研究资料的积累,积累了学生在选修课学习过程中的实物、图片、音带等各种资料,以课程为单位及时存档。每个学期的教学计划都及时上交归档,学期结束还及时进行总结。对整个校本课程开设于研究中的各个重要环节,分别用文字、照片等进行了记录。

2. 加强前置指导,保障研究顺利开展

开展选修课程实践和研究,关键问题是师资培训。我们在课题实施之前从四方面做好师资培训工作:

(1)对全体教师进行新课程理念的通识培训,举行选修课专题讲座。

(2)组织部分骨干教师外出学习考察兄弟学校选修课的实践情况,丰富对选修课程的感性体验。

(3)对全体教师进行一般的教科研方法培训,提高教师自身的研究能力。

(4)采取教师自愿选题与学校指定相结合的办法,建立选修课指导教师队伍。

策略三:开发校本课程,凸显本真课程体系特色。为了凸显本真课程体系特色,根据学校课程体系建设的需要,结合我校师资力量和教学资源,课题组根据学生现有的需求及师资情况,通过开设主题课程和拓展课程来对国家课程进行补充,具体内容如下表所示。

课程板块	课程类别	课程名称
科学与创新	主题课程	创造发明技能训练
	拓展课程	航模制作、电子小报设计
艺术与审美	主题课程	“小主播”训练营
	拓展课程	二胡、少儿舞蹈、儿童画、表演唱
数学与思维	主题课程	速算、速拧魔方
	拓展课程	思维训练、数学实践
语音与表达	主题课程	课本剧表演
	拓展课程	写字、群文阅读、经典诵读、成语接龙
健康与体育	主题课程	校园啦啦操
	拓展课程	花式跳绳、篮球、足球
社会与生活	主题课程	校园礼仪、少先队知识、生活达人、环境与生活
	拓展课程	红岩精神、法制与安全

策略四:多途径实施,达成校本课程目标。课程实施途径与策略是校本课程建构的重要组成部分,也是凸显课程功能、达成课程目标、实现价值的关键环节。校本课程的实施要根据课程本身特点和目标定位选择契合的途径与策略。以下列举我校写字课程、诵读课程、七彩课程实施策略:

1. 写字课程实施策略

学校在语文教学中实施以“端端正正写字,堂堂正正做人”为主题的书写基本功训练,以养成学生正确的写字姿势为抓手,把强化执笔和坐姿作为写字基本功训练的突破口。教育学生认识“提笔就是练字时”,做到“有字必规范,写字必认真”。各班的语文老师上好每周一节的写字课,低年级的语文老师要保证每节语文课有 10 分钟左右的写字时间,课前备好写字教学环节,精要地进行写字指导。

(1)“三个一”动态管理,落实写字课程

每天一次写字练习作业:每天中午 1:00—1:20 为学校统一的写字练习时间,任何教师不得挤占和挪用,语文老师做好写字作业的布置和批改,用圈、画、评的方式指出学生的进步,教导处对各班的写字作业进行抽查。加强学生“双姿”(写字姿势、握笔姿势)训练,要求学生练字时要做到头正、身直、足安,眼离书本一尺,胸离桌子一拳,指离笔尖一寸。课程领导小组的老师随机监测、督导,各班双姿达标率要达到 100%。

每周一次“写字之星”作品展览:由学校提供统一的写字纸,书写的内容为本周学习的生字,每位学生都要参加,各班评出“写字之星”两名,将写字作业展示在校门口的展板上,学校给予表彰和奖励(本学期试行“写字之星”评选和表彰在班级之中进行,由各班在教室里开辟专栏展示学生优秀写字作品,学校为每一个班级提供 100 元用于购买奖状或奖品,语文老师凭发票到教导处签字,到总务处报账)。每学期一次写字达标:每学期定期举行一次学生硬笔写字达标考核。从 2015 年下期试行学生写字达标考核结果纳入学生过程性评价,计入学生期末成绩。

(2)以赛促学,提升写字课程

每年举办一届现场书法大赛,激发写字能手的荣誉感和进取心。在家长开放日或书香艺术节活动中,以展板的形式展示学生的优秀书法作品,扩大社会影响。

2. 诵读课程实施策略

传统经典文化是中华文明传承数千年的重要载体,内容博大精深,文字精练,体现了我国语言文字的高度凝练性和表达应用技巧,对于促进学生全面发展具有不可替代的作用和意义。植于小学生幼小的心灵,对丰富学校德育内容,加强小学生思想道德建设和公民道德建设,培养学生的人文素养,具有重要的现实意义。为了保证诵读课程的顺利实施,我们采取了以下策略:

(1)课前一吟,促进诵读课程常态化

每天早会课 15 分钟为诵读时间,天天坚持。开展课前一吟,熟读成诵的活动。各班充分利用每天语文课前一两分钟时间，开展“课前一吟”活动，做到“读而常吟之”，“学而时习之”。

（2）营造诵读氛围，激发诵读兴趣

教室里开辟“经典角”“经典壁”，在每个班级的黑板报上由学生专人负责每周刊登一首诗，一句经典文句。学生在一周内反复诵读并记忆。看谁读得好，记得牢，鼓励学生多诵多背。为每个班级提供中央电视台“诗词大会”视频，老师们组织学生利用班队活动课观看。提供朗诵大师经典诵读朗诵音频，老师可以在午餐时间组织学生收听。

学校创设良好的诵读氛围和环境，每学期开展经典诵读展示活动。每学年开展一次书香艺术节，为各班开展的诵读活动提供一个展示的平台。

（3）家校联系，形成合力

通过家长会、致家长的一封信等方式，家长知道并理解学校开展的诵读活动对孩子成长的非凡意义，让家长参与到经典诵读活动中来。布置家庭作业时，可以加入诵读内容。鼓励亲子共读，家长可以配合老师检查孩子的经典诵读情况，把经典诵读情况作为书香家庭评选的条件之一。对于文字，我们可以利用图画去引导学生。

（4）多方位多角度引领诵读活动

图画引领——对于画面感较强的古诗进行理解。音乐引领——给诗文配上合适的音乐吟诵，将诗文填入合适的曲谱去歌唱，必能拨动孩子们那充满童稚而纯真的心弦。媒体引领——多媒体教学中动听的音乐、逼真的画面、感人的视频，将古诗文所描述的情境无限拉近到学生的眼前，使古诗文教学从视觉语文向思维语文转化。作业引领——精巧的作业设计，能很好地解决古诗文教学的重难点。

3. 七彩课程实施策略

英国教育家赫伯特·斯宾塞说过“教育的目的是培养人的个性”。七彩课程以培养学生发展性学习为核心，着眼于对学生基础性学习的提高，兼顾创造性学习的培养，重在体现学生个性特长，关注学生的发展需求，为学生拓宽自我发展的空间，为教师提供自我发展的舞台。它关注学生发展，学科发展，社会发展，对培养学生的综合能力，提高学生的整体素质具有重要意义。

（1）七彩社团，为课程提供载体

七色社团的网络体系，引领每一个孩子踏上七彩之旅，让他们在七彩校园内体验快乐、感受和谐、施展才能、健康成长，释放出最快乐、最真挚、最成功的光芒，最大限度地展示自己的潜能与才华，促进学生的可持续发展。

（2）七彩晨曦，促进课程多样化

七彩晨曦，寓意让早到的孩子也能沐浴清晨的第一缕阳光，学校根据学生的年龄特点、身心发展规律和喜好，通过周一到周五不同形式的晨间音乐，在倡导健康生活的同时提升学生的自身素质，让同学们做一个了解中国文化乃至世界文化的人，我们将这些信息汇总，取其精华呈现给孩子，让他们在轻松的氛围中度过每一天的精彩晨间。教育不该有固定的“模子”，每个学生都有自己的特点和优势，每个学生都是一个发光体，学生理应在阳光下自由呼吸，健康成长。活动的成果和评价是一个开放的、不断更新的育人体系，它变终结式的、被动的、单一的评价为发展式的、主动的、多元的培养。它面向全体，关注学生的全面发展，尊重学生的自主性，鼓励学生根据自己的特点和兴趣全面发展。

（3）活动展示，激发学生参与兴趣

①每天将播出内容以专栏的形式展示于学校公示栏，让孩子对所播放内容有更全面的认识和了解。

②在专栏设置相关的有奖问答题目，让孩子将答案写在纸条上投入七彩晨曦信箱参加活动。

③鼓励学生写下倾听节目的感想和收获，向学校投稿。学校在七彩桥广播中增设“晨曦你我他”栏目，择优秀稿件宣读。

④鼓励学生推荐优秀曲目和诗词并颁奖。

策略五：评价激励，深化本真课程体系的实践研究。校本课程作为国家课程的必要补充，在推进素质教育的改革过程中如何体现其自身价值，成为有效促进学生素质发展的课程，是决定它能否被学校、教师接受，被学生接受的关键。为此，分析校本课程对于学生素质发展的影响效力，科学地评价其自身价值，成为了这项改革成败的标尺，甚至关乎它在学校教育中能否继续得以生存。而构建一种科学的评价体系，是完成以上工作的前提。在校本课程的实施过程中，我们在参考多方面资料的基础上，初步创建一个符合现代教育理念的评价体系，发挥校本课程作用，促进学生多元智能开发和优势智能发展，主要包括：

1. 校本课程开发评价

校本课程是国家三级课程管理体系中的学校课程，即学校自主决定的课程。校本课程的开发，主要是针对国家课程开发，以学校为基地进行地方性、特色性等课程的开发，实现课程决策民主化。学校根据老师设计的校本课程方案，对校本课程的可行性进行评价。

2. 校本课程实施过程评价

实施过程评价就是一种跟踪式的动态评价，我们通过不断了解课程实施中教师、学生以及课程管理者的行为表现，发现在实施方案过程中存在的问题与不足，为校本课程的后续开发提供信息与建议。

3. 校本课程结果评价

校本课程的结果评价，主要指学生通过校本课程学习后的学业成就评价。学生是校本课程开发和实施最直接的感受者，学生对校本课程实施后所取得的成效也是评价和改进校本课程最具有参考价值的信息。对于可测量的学习结果，采取考试、测验的方式；对于难以测量的学习结果，通过作品展示、现场表演、实物制作、项目设计、对话交流、档案袋记录等多种方式来评价。评价的差异性考虑到学生个人知识水平和接受能力的不同，尽可能做到使每位学生获取符合自己能力的进步和成就感，能真正体现校本课程的价值。

（四）开发出本真课程系列校本教材

为了保证课程体系建设的顺利实施，让学校的校本课程有依托和蓝本，组织我校学科骨干教师，整合了学校、社会等多方面的资源，开发了写字、诵读、七彩课程校本教材。

1. 写字课程

以写字教育为突破口，把“端端正正写字，堂堂正正做人”作为座右铭，紧紧围绕“面向全体、行书为主、整体联动、重在迁移”总体思路，强化落实“立足课堂、科研治教、比赛促进”工作举措，充分发挥写字教育显性与隐性功能，促进学生全面发展，提高整体素养。通过写字练习，让学生热爱祖国文字，继承和弘扬中华民族优秀文化，养成良好的写字习惯，具备熟练的写字技能，并有初步的写字欣赏能力。开发出我校《同步写字天天练》（1—12 册）校本练习册，每一册的内容与课文同步，包括课文生字、课文中优美词句的书写、书写提示等，让学生依托该练习册为蓝本，进行写字训练。

2. 诵读课程

中国传统文化源远流长、博大精深，是古老文化的精华，是中国文化和中华民族精神形成的基本根源，也是我们应该生生不息传播的瑰宝。课题组以弘扬祖国优秀的传统文化为目的，加强优秀文化熏陶，提高学生的文化和道德素质，让孩子们从小就开始广读博览，日积月累地增长语言文化知识，潜移默化地形成优良的道德思想，并逐渐完善自己的人格，促进学生可持续发展。为此，自编我校《国学经典》诵读教材，诵读经典诗词、诸子典籍。

开展丰富的诵读经典、书写经典、试讲经典活动，激发学生学习祖国语言文字的兴趣，激发其对于祖国文字的热爱之情。

年级	内容	
	上册	下册
一年级	弟子规、三字经	千字文
二年级	声律启蒙	增广贤文、诗词
三年级	成语接龙	成语接龙
四年级	诗词	诗词
五年级	诸子百家里的名言警句	诸子百家里的名言警句
六年级	诸子百家里的名言警句	诸子百家里的名言警句

3. 七彩课程

七彩课程主要是以社团的形式开展，以发展学生的特长为主，其中包括二胡、舞蹈、儿童画、表演唱、花式跳绳、篮球、足球等。主要内容如下：

色彩	板块	具体内容
红色	艺术与审美	舞蹈
橙色	健康与体育	篮球、跳绳
黄色	艺术与审美	儿童画
绿色	语言与表达	书法
青色	语言与表达	语言
蓝色	艺术与审美	表演唱
紫色	艺术与审美	二胡

（五）研制出了本真课程评价标准

1. 校本课程设计方案评价

校本课程是课程体系建设中的重要组成部分，而校本课程方案是教师开发与实施课程的规划和蓝图，是实施校本课程的前提。我们要求课程方案的主要内容包括课程目标的制订、课程内容的选择、课程实施方式、课程资源的开发利用、对学生的学业评价等，通过审核方案，初步判定该校本课程是否成熟可行，从而对校本课程做出鉴别与选择，为课程改进提供信息，为学生的课程选择做出前期的质量监督。为此，我们制订了学校“校本课程设计方案评价表”，从课程目标、课程内容等方面对校本课程的设计方案进行评价（见附件）。

2. 校本课程开发的实施过程、实施效果评价

为了避免课程实施流于形式，确保课程的顺利进行，我们制订了“校本课程实施过程中的评价量表”和“校本课程实施效果评价表”（见附件），学校课程体系建设领导小组通过实地查看、现场考察、听课评课等多种方式，对老师的课程实施情况量化打分，作为课程评价的重要组成部分。

3. 校本课程实施结果的评价

课程组在深研课程标准，了解学情的基础上，精心设置了学生的课程评价体系，通过不同课程对学生的培养目标，把学生的成长作为评价标准，有效促进了学生的全面发展。

下面，以阅读课程、写字课程为例。

阅读课程评价：学校精选优秀经典诗文，根据难易程度分为三级（初级、中级、高级）。引导学生利用早读、课余时间、假日时间进行吟读背诵。古诗文考级组定期对学生背诵情况进行考核，并根据学生背诵的数量等评定相应的等

级。考核分三级，每一级都有必背的古诗，具体标准如下：

初级：能正确、流利地默写指定的古诗75首。考级时抽查其中的5首（默写）（朝代、作者）。

中级：能正确、流利地背诵指定的古诗34首，考级时抽查其中的5首（默写）（朝代、作者）。

高级：能正确、熟练、有感情地背诵指定的古文13篇（朝代、作者）。考级时抽查其中的1～2篇。（朝代、作者）。

具体的考级办法：

①诗词考级每一学期举行一次，凡是参加考级的同学，均需根据考核标准填写经典诗文诵读存折，向班主任提出申请，填写考级记录表后才能考级。

②以试卷形式考级，考评人按要求参加学校的统一测考。考核过关后，考评人在考核记录表上签字。

③建立全校学生古诗词考级档案，每个同学只能按照初级—中级—高级的顺序依次考级，不得跨级考试。

④以学生过关级数累计计分（初级一分，中级三分，高级五分），根据学生考级通过情况，在年级组内评出优秀班集体。

最后，考级成功的同学，将获得由学校颁发的证书以资鼓励，并以光荣榜的形式在学校公布。

写字课程评价：按照学校活动评价和专家团队评价相结合的方式，纳入学生语文平常成绩考核。一是通过学校书法现场比赛，对学生写字效果进行奖励。二是通过聘请书法协会对学生写字进行等级评价，鼓励学生努力进步。

A级（优）：笔画及位置准确、行笔起止到位、自然，结构平正、匀称，通篇整齐、字与字大小均匀、字与格子的大小比例合适，字在格内居中，墨色清晰、均匀一致，有美感，书写速度把握好。

书法等级证书

同学：

在 年级 期的书法达标考核中，达到A级标准，特此奖励！

年 月 日

B级（良）：笔画及位置正确、结构平正、匀称，通篇整齐、字与字大小均匀、字与格子的大小比例合适，字在格内居中，书写速度合适。

C级（中）：笔画及位置基本正确、结构基本平正、匀称，通篇基本整齐、字与字大小基本均匀、字在格内基本居中，书写速度基本合适。

D级（差）：笔画及位置不正确、有错别字，结构不平正、不匀称，潦草，通篇不整齐、字与字大小不均匀、字在格内不够居中，书写速度过慢。

（六）形成了论文集、案例集等物化成果

在实施课程体系建设中，老师们及时总结经验，积极撰写论文及案例，形成了我校“本真”课程体系建设论文集、案例集。

九、研究影响及效果

①通过课题研究，培养了“真知、真人、真情、真用”的小学生，促进了学生的全面发展。课题研究前，我校的学生知识面窄，阅读习惯差，课外活动贫乏，大部分同学性格腼腆，不善于表现自己。经过几年的课题研究，我们欣喜地看到同学们课堂上积极主动，大课间生龙活虎。在丰富多彩的选修课中他们充分展示了自己的兴趣和爱好。其中二胡课程、跳绳课程、写字课程等已成为我校的特色课程，我校连续三年带领学生参加重庆市中小学生集体比赛，荣获二等奖，花样跳绳比赛荣获三等奖；二胡合奏《蜗牛与黄鹂鸟》在九龙坡区中小学生艺术展演中荣获一等奖；在九龙坡区2016年中小学阳光体育活动展评中荣获二等奖；在市区级各类征文比赛中有562人次分别荣获一、二、三等奖。

②通过课题研究，提升了教师的开发和实施能力，促进了教师的专业发展。课题研究前，老师们教学观念陈旧，仍然抱着“一本课本走天下”的态度实施教学，不善于开发课程资源，教学方式陈旧、落后。课程体系建设实施以来，教师在不断地成长、主动地发展，有了课程开发的意识，在课程开发与建设的过程中，不断更新自己的教学观念，改进自己的教学方法，不断开发和利用课程资源。近四年来，我校教师在各类市区级论文、专项技能评比中，有112人次分别荣获一、二、三等奖，指导学生获国家、市区级各类奖项562人次，有23人次荣获区级“优秀教育工作者”“优秀德育工作者”的光荣称号。学校也在发生日新月异的变化，连续两年荣获九龙坡区办学目标考核二等奖，取得了长足的进步。学校一年一度隆重的“书香艺术节”在华龙网上做过专题报道。

③通过课题研究，深化了学校课程体系的建设，提高了教学质量，扩大了学校的影响。课程体系研究的实践在课堂教学。学校把课程建设研究与课堂教学紧密结合起来，理论指导实践，通过实践验证研究目标达成度。通过课程实践，学校教学质量得到全面提升。

从单项看，在四年级学习力监测中，学生的阅读能力在课程建设实践中得到充分的实证，从第33名上升到名列全区第三名。访问与检索、整合与解释、反思与评价等项目都高于区平均水平。思考能力排全区第10名。整体排序，从全区排名第31名上升到第13名。

在语文、数学监测中，本真课程体系实践也带来了巨大的变化。语文排位全区第17名，数学综合排序从第37名上升到第15名。

在课程体系实践研究中，我们重视了学生的全面发展，在质量监测中，音乐学科排名全区第4名。

从整体看，学校学生学业水平综合排序连续上升，从2016年的全区排名第34位，到2017年的全区排名第23位，再到2018年的全区排名第16位，说明了我校开展的课程体系研究工作真实地指导了学校的教育教学工作，取得了明显的效果。

学校质量的提升，赢得了家长的支持和配合。从学校的一个艺术节活动就获得家长4万多的点击率，可以看出家长对学校的办学是满意的，对学校发展的未来是充满期望的。

责任立校,课程育人,相信在学校核心理念的引领下,陈家坪小学必将成为学生向往、教师幸福、社会满意的学校。

十、结论及建议

(一)结论

①学校本真课程体系逐渐完善。通过实践活动,实证了学校的办学思路和培养目标与课题研究的方向是一致的。

②通过课题的实施,我们构建了具有本校特色的本真课程体系,开发出了促进学生发展的一系列校本课程,并通过过程性管理,保障课程的实施,研制出了与校本课程配套的评价体系。师资队伍建设取得成效。

③通过本课题的开展,促进了学生个性的发展,丰富了学生的学习生活,培养了学生的综合素质,为今后的学习打下坚实的基础。

(二)建议

①尊重学生,关注差异。校本课程开发活动,要尊重学生,关注、照顾学生的差异,实现学生个性化发展。因此,走向学本课程,应是校本课程开发的趋势。

②优化制度,确保资源。资金、人力资源、时间资源等是影响校本课程开发有效运行的关键,而保证资源到位,保证资源得到充分的利用,此二者均离不开制度优化。学校课程实践证明,缺乏资源或用不好资源,均会影响到校本课程开发的成效。

十一、问题与讨论

①学校在做好课程开发的时候,主要面临着师资力量、学校硬件条件等诸多困境,如何利用好现有的资源,保证课程开发的质量,是课程建设顶层设计中急需解决的现实问题。

②在课程建设中,如何更落实更有效地做好课程评价,确保课程实施的质量,还有待于在今后的研究中继续探索。

附件1:本真教育校本化实践语文学科课堂教学评价表

<table>
<tr><td>姓名</td><td colspan="2"></td><td>学校</td><td>授课班级</td><td></td><td rowspan="4">评分</td></tr>
<tr><td>学科</td><td></td><td>时间</td><td>评课人</td><td></td><td rowspan="3">权重(分值)</td></tr>
<tr><td>课题</td><td colspan="4"></td></tr>
<tr><td>A指标</td><td>B指标</td><td colspan="3">C评价指标</td></tr>
<tr><td rowspan="2">教学设计30</td><td>教学目标</td><td colspan="3">1.符合课程标准理念和教材要求,有机整合学习目标,指向学生语文核心素养的形成。
2.体现课程性质,明确具体,年段特点突出,具有操作性和检测性。</td><td>15</td><td></td></tr>
<tr><td>教学内容</td><td colspan="3">3.准确把握教材文体特点,创造性使用教材,落实语言文字运用。
4.紧扣重点,突破难点,实现教学内容与资源开发的有机整合,引导学生在生活中学语文、用语文,提升人文底蕴。</td><td>15</td><td></td></tr>
<tr><td rowspan="2">教学实施50</td><td>学生行为</td><td colspan="3">5.全体学生积极参与,乐学善学,勤于反思,小组学习与个体学习有机结合,课堂气氛有张有弛。
6.学生能有效获取、使用信息,乐于表达,大胆质疑,在学习过程中能生成新的问题。
7.每个学生都得到语言训练的机会,思维能力、创新能力和语文实践能力同步发展。</td><td>30</td><td></td></tr>
<tr><td>教师行为</td><td colspan="3">8.教学流程清晰,问题设计整合、有价值,有效运用课程资源和信息技术。
9.教学策略合理,自读自悟与相机指导相结合,言语发展有策略,言语生长有方法。
10.能根据课堂生成和学生实际情况及时调整教学策略,引导学生自主、合作、探究学习,有课堂调控能力。</td><td>20</td><td></td></tr>
<tr><td>教学效果20</td><td>目标达成</td><td colspan="3">11.达成预期目标,学生在语文知识、语文能力、语文素养等方面获得不同程度的提高,逐步积淀人文底蕴、具备科学精神。
12.资源、媒体运用好,有效提高学习兴趣和效率,学生主动参与面达100%,发言率不低于三分之一;课堂有创新,有亮点。</td><td>20</td><td></td></tr>
</table>

续表

<table>
<tr><td rowspan="2">简评</td><td rowspan="2">写教学特点：</td><td>合计</td><td></td></tr>
<tr><td>等级</td><td></td></tr>
</table>

注：1. 评价人根据课堂教学的实际情况对各方面进行等级评价，各项累计得分 90 分为优，89 ~ 80 分为良，79 ~ 60 分为中，60 分以下为差。2. 根据评价情况与任课教师沟通，共同反思和分析课堂，找出优点和不足，促进教师和学生的共同发展。

附件2：本真教育校本化实践数学学科课堂教学评价表

姓名		学校		授课班级		评分
学科		时间		评课人	权重（分值）	
课题						
A 指标	B 指标	C 评价指标				
教学设计30	教学目标	1. 着眼学生发展的数学核心素养，符合课程标准和学生实际，具有育人目标的整体意识。 2. 目标明确、合理具体，具有可操作性。			15	
	教学内容	3. 内容科学、结构合理、难易适度、重点突出。 4. 聚焦数学核心素养，联系生活实际，选择、开发、整合教学资源。			15	
教学实施50	学生行为	5. 学生积极主动地参与观察、实验、猜测、计算、推理、验证等数学探究活动，获得数学思想和基本活动经验。 6. 数学思考有深度，善于倾听理解别人见解，能有条理地表述自己的想法，敢于批判质疑，彰显理性思维。 7. 采用自主、合作、探究等多样化、个性化的学习方式，学生勤于思考、勇于探究、问题解决等素养有效提高。			25	
	教师行为	8. 营造良好课堂氛围，以“核心问题”为导向，利用生成性资源，适时点拨、追问、评价，引导学生经历数学知识的探究过程和数学思维的发展过程。 9. 采用启发式、探究式、讨论式、参与式等多样化方式教学，突显学生主体地位，促进学生深度学习。 10. 准确把握数学本质，合理选择和有效运用现代教育技术，思维清晰，富有感染力。			25	
教学效果20	目标达成	11. 达成预期目标，数学“四基”和“四能”落实较好，各层次学生学有所得。 12. 学生思维活跃，有强烈的问题意识、探究意识、应用意识。 13. 学生获得积极的情感体验，增强自信心，激发学习动力，提升数学学习能力。			20	

续表

简评	写教学特点：	合计	
		等级	

注：1. 评价人根据课堂教学的实际情况对各方面进行等级评价，各项累计得分 90 分为优，89 ~ 80 分为良，79 ~ 60 分为中，60 分以下为差。2. 根据评价情况与任课教师沟通，共同反思和分析课堂，找出优点和不足，促进教师和学生的共同发展。

附件3:本真教育校本化实践英语学科课堂教学评价表

姓名		学校		授课班级	
学科		时间		评课人	
课题					

A 指标	B 指标	C 评价指标	权重（分值）	评分
教学设计 30	教学目标	1. 符合学科核心素养培养目标、课程标准和教材的要求及学生实际。 2. 明确、合理、具体,可操作性强。 3. 符合不同层次学生的要求。	15	
	教学内容	4. 正确理解并运用教材各板块的功能,并能科学、合理地处理教材。 5. 符合语言学习的规律,突出重难点、兴趣点,难易适度,有拓展提升的具体内容。 6. 正确把握学科的知识、思想和方法,注重教学资源的开发与整合。	15	
教学实施 50	学生行为	7. 学生在小组合作学习中,能有效地开展"自主、合作、探究"学习,参与讨论、交流、展示,语言综合运用能力得到体现。 8. 学生具有良好的英语学习习惯,能运用英语学习的策略,思维活跃,能大胆质疑,发表不同意见,形成正确的认识和态度。	30	
	教师行为	9. 有较强的学科专业素养,有扎实的教学基本功。 10. 有较强的组织协调能力和教学机智,能适时进行课堂评价,有良好独特的教学风格。 11. 有利于教学目标的达成,有利于学生的全面、可持续发展。 12. 教师的教学着力点在学生学习的真正困难之处。 13. 教师引导学生积极主动地获取知识,培养学生收集、处理、甄别信息的能力。	20	
教学效果 20	目标达成	14. 教学过程中体现了学生由"不会"到"会"的动态生成过程。 15. 学生的语言能力、学习能力、思维品质、文化品格均得到相应的发展。 16. 不同层次的学生都有收获。	20	

续表

<table>
<tr><td rowspan="2">简评</td><td rowspan="2">写教学特点：</td><td>合计</td><td></td></tr>
<tr><td>等级</td><td></td></tr>
</table>

注：1. 评价人根据课堂教学的实际情况对各方面进行等级评价，各项累计得分90分为优，89～80分为良，79～60分为中，60分以下为差。2. 根据评价情况与任课教师沟通，共同反思和分析课堂，找出优点和不足，促进教师和学生的共同发展。

附件4：本真教育校本化实践科学学科课堂教学评价表

<table>
<tr><td>姓名</td><td colspan="2"></td><td>学校</td><td></td><td>授课班级</td><td></td><td rowspan="4">评分</td></tr>
<tr><td>学科</td><td colspan="2"></td><td>时间</td><td>评课人</td><td></td><td rowspan="3">权重（分值）</td></tr>
<tr><td>课题</td><td colspan="5"></td></tr>
<tr><td>A 指标</td><td>B 指标</td><td colspan="4">C 评价指标</td></tr>
<tr><td rowspan="2">教学设计30</td><td>教学目标</td><td colspan="4">1. 符合小学科学课程标准和教材的要求及学生实际。
2. 具体、明确、合理，可操作性强。</td><td>15</td><td></td></tr>
<tr><td>教学内容</td><td colspan="4">3. 科学知识结构合理，重点、兴趣点突出，难易适度。
4. 了解必要的科学技术知识、知道科学方法、认识科学本质、树立科学思想、崇尚科学精神。</td><td>15</td><td></td></tr>
<tr><td rowspan="2">教学实施50</td><td>学生行为</td><td colspan="4">5. 理性思维，崇尚真知，尊重事实和证据，有实证意识；逻辑清晰，能运用科学思维认识事物、解决问题、指导行为等。
6. 勇于探究，能积极主动地“自主、合作、探究”学习，有好奇心和想象力，不畏困难，大胆尝试，有坚持不懈的探索精神。
7. 批判质疑，能大胆质疑问难，发表不同意见；具有问题意识；思维缜密，能独立思考和判断。
8. 乐学善学，学习积极、兴趣浓厚；习惯良好，能掌握适合自身的学习方法；能自主学习。</td><td>30</td><td></td></tr>
<tr><td>教师行为</td><td colspan="4">9. 有利于“三维”目标实现，有利于学生科学精神、实践创新、学会学习、健康生活等核心素养发展。
10. 教学着力于学生学习需要帮助之处。学生会的不讲，杜绝无效教学。
11. 引导学生积极主动获取科学知识，培养学生理性思维、勇于探究、批判质疑、收集处理信息的能力。
12. 有教学组织协调能力、应变能力和即时评价能力，有教改创新和教学风格。教学资源开发运用好。教学语言生动准确，教态亲切，板书规范。</td><td>20</td><td></td></tr>
<tr><td>教学效果20</td><td>目标达成</td><td colspan="4">13. 学生知识与技能培养准确落实。教学过程中科学知识的探究发展符合学生实际。
14. 学生的学习方式和策略、获取新知识的能力和收集处理信息的能力得到提升。
15. 学生的科学情感、态度、价值观得到相应的发展。</td><td>20</td><td></td></tr>
</table>

续表

<table>
<tr><td rowspan="2">简评</td><td rowspan="2">写教学特点：</td><td>合计</td><td></td></tr>
<tr><td>等级</td><td></td></tr>
</table>

注：1. 评价人根据课堂教学的实际情况对各方面进行等级评价，各项累计得分 90 分为优，89 ~ 80 分为良，79 ~ 60 分为中，60 分以下为差。2. 根据评价情况与任课教师沟通，共同反思和分析课堂，找出优点和不足，促进教师和学生的共同发展。

附件5:本真教育校本化实践品德学科课堂教学评价表

<table>
<tr><td>姓名</td><td colspan="3">　　　　学校　　　　授课班级</td><td rowspan="4">评分</td></tr>
<tr><td>学科</td><td>时间　　　　评课人</td><td></td><td rowspan="3">权重(分值)</td></tr>
<tr><td>课题</td><td colspan="2"></td></tr>
<tr><td>A 指标</td><td>B 指标</td><td>C 评价指标</td></tr>
<tr><td rowspan="2">教学设计30</td><td>教学目标</td><td>1. 符合课程标准和学生实际,着眼于对学生核心素养的培养。
2. 明确、具体,符合年段特点,可操作性强。</td><td>15</td><td></td></tr>
<tr><td>教学内容</td><td>3. 准确把握和解读教材内容,创造性地使用教材。
4. 合理、有效开发课程资源,能将课程资源与教材内容进行优化整合。</td><td>15</td><td></td></tr>
<tr><td rowspan="2">教学实施50</td><td>学生行为</td><td>5. 积极参与到学习活动中,乐于表达和积极展示。
6. 思维活跃,大胆质疑,有探究问题的兴趣和方法。
7. 学习方式有创新,自主、合作、探究性学习有实效。
8. 能借助已有的生活经验认识问题和解决问题,提高道德判断能力和实践能力。</td><td>30</td><td></td></tr>
<tr><td>教师行为</td><td>9. 教学思路清晰,问题设计科学合理,教学中有机渗透和融入社会主义核心价值观教育。
10. 有效引导学生进行体验学习、探究性学习、问题解决学习、小组合作学习等,创设师生互动共进的学习氛围。
11. 有一定的教学智慧,能根据课堂生成和学生的实际情况及时调整自己的教学策略。
12. 及时对学生进行启发、点拨、引导和激励性评价。
13. 语言生动准确,教态亲切有感染力,板书合理规范。</td><td>20</td><td></td></tr>
<tr><td>教学效果20</td><td>目标达成</td><td>14. 达成预期目标,学生主体地位突出,参与面广,在学习过程中能生成新的问题,并获得一定的体验和感悟。
15. 学生的道德修养、法治素养、人格品性、思维品质和行为能力得到不同程度的发展和提高。</td><td>20</td><td></td></tr>
</table>

续表

简评	写教学特点：	合计	
		等级	

注：1. 评价人根据课堂教学的实际情况对各方面进行等级评价，各项累计得分 90 分为优，89 ~ 80 分为良，79 ~ 60 分为中，60 分以下为差。2. 根据评价情况与任课教师沟通，共同反思和分析课堂，找出优点和不足，促进教师和学生的共同发展。

附件6:本真教育校本化实践信息技术学科课堂教学评价表

<table>
<tr><td>姓名</td><td colspan="2"></td><td>学校</td><td></td><td>授课班级</td><td></td><td rowspan="4">评分</td></tr>
<tr><td>学科</td><td colspan="2">时间</td><td></td><td>评课人</td><td></td><td rowspan="3">权重(分值)</td></tr>
<tr><td>课题</td><td colspan="5"></td></tr>
<tr><td>A 指标</td><td>B 指标</td><td colspan="4">C 评价指标</td></tr>
<tr><td rowspan="2">教学设计30</td><td>教学目标</td><td colspan="4">1. 符合学科课程标准和教材的要求及学生实际,结合学生学情,有利于培育学生的信息素养。
2. 明确、合理、具体,可操作性强。</td><td>15</td><td></td></tr>
<tr><td>教学内容</td><td colspan="4">3. 知识结构合理,突出重点、兴趣点,难易适度。
4. 正确把握学科的知识、思想和方法,注重教学资源的开发,根据学情对教材进行有效整合。</td><td>15</td><td></td></tr>
<tr><td rowspan="2">教学实施50</td><td>学生行为</td><td colspan="4">5. 学生积极主动地“自主、合作、探究”学习,参与小组交流讨论,发现和解决问题的能力得到体现。
6. 学生学习方式和学习策略较好,思维活跃,能大胆质疑问难,发表自己个人见解,形成动态生成的教学过程。</td><td>25</td><td></td></tr>
<tr><td>教师行为</td><td colspan="4">7. 教态亲切有感染力,有较强的组织协调能力、应变能力和即时评价能力,操作示范标准,信息技术专业术语表达准确。
8. 采用任务驱动式、启发式、探究式、讨论式、参与式教学,引导学生积极主动地获取知识,突出学生主体地位,促进学生深度学习。
9. 准确把握学科本质,合理选择和有效运用现代教育技术辅助课堂教学。</td><td>25</td><td></td></tr>
<tr><td>教学效果20</td><td>目标达成</td><td colspan="4">10. 三维目标达成度较高,各层次学生学有所获。
11. 学生的学习方式和学习策略科学合理,课堂学习氛围良好。
12. 学生的信息意识、计算思维、数字化学习与创新、信息社会责任等素养得到提升。</td><td>20</td><td></td></tr>
</table>

续表

简评	写教学特点：	合计	
		等级	

注：1. 评价人根据课堂教学的实际情况对各方面进行等级评价，各项累计得分 90 分为优，89 ~ 80 分为良，79 ~ 60 分为中，60 分以下为差。2. 根据评价情况与任课教师沟通，共同反思和分析课堂，找出优点和不足，促进教师和学生的共同发展。

附件7:本真教育校本化实践体育与健康学科课堂教学评价表

姓名		学校		授课班级		评分
学科		时间		评课人		
课题						
A指标	B指标	C评价指标			权重(分值)	
教学设计30	教学目标	1. 符合学科课程标准和教材的要求及学生实际。 2. 定位准确、科学、合理、具体,可操作性强。			15	
	教学内容	3. 教学内容选择与开发,有利于运动兴趣培养和体能增强,贴近学生生活实际,促进学生身心发展,注重教学资源的开发与整合。 4. 知识的准确性和合理性,突出重点、兴趣点,难易适度。			15	
教学实施50	学生行为	5. 自我管理:着装符合要求,能遵章守纪,有体育精神呈现,能积极主动地“自主、合作、探究”学习,参与讨论、交流、分享,发现和解决问题的能力得到体现。 6. 健全人格:学习方式和策略好,思维活跃,能大胆质疑问难,发表不同意见,形成动态生成的教学过程。 7. 珍爱生命:能互帮互助,遵守体育规则,自我约束力强。			30	
	教师行为	8. 着装搭配得体、符合要求,具有体育的“精、气、神”,语言清晰、准确、生动,教态亲切、自然、有感染力,动作示范正确、优美、大方,板书规范。 9. 能做到以身示范、精讲多练、关注个体,教师有较强的组织能力、协调能力、应变能力、调控能力和即时评价能力,有教改创新精神,有良好独特的教学风格。 10. 能引导学生积极主动地获取知识与技能,培养学生收集处理信息的能力。			20	
教学效果20	目标达成	11. 学生能掌握基本知识与技能,能看到学生的“汗”“会”“乐”。 12. 提升了学生的学习方式、方法与策略,提升了学生获取新知识的能力和收集处理信息的能力,学生的体能得到增强,彰显了多种体育品质。			20	

续表

<table>
<tr><td rowspan="2">简评</td><td rowspan="2">写教学特点：</td><td>合计</td><td></td></tr>
<tr><td>等级</td><td></td></tr>
</table>

注：1. 评价人根据课堂教学的实际情况对各方面进行等级评价，各项累计得分 90 分为优，89 ~ 80 分为良，79 ~ 60 分为中，60 分以下为差。2. 根据评价情况与任课教师沟通，共同反思和分析课堂，找出优点和不足，促进教师和学生的共同发展。

附件8：本真教育校本化实践音乐学科课堂教学评价表

姓名		学校		授课班级	
学科		时间		评课人	
课题					

A 指标	B 指标	C 评价指标	权重（分值）	评分
教学设计30	教学目标	1. 符合学科课程标准和教材要求及学生实际。 2. 准确把握三维目标，科学、合理、明确、具体、可操作性强。	15	
	教学内容	3. 准确把握学科的知识和技能，注重学科整合与课程资源开发。 4. 准确把握重难点，突出学科性质，突出趣味性，难易程度适中。	15	
教学实施50	学生行为	5. 积极主动地“自主、合作、探究”学习，参与讨论交流，发现和解决问题的能力得到体现。 6. 学习方式和学习策略较好，思维活跃，能感悟生活中的真善美，丰富形象思维，乐学善思，具有创造意识。 7. 积极探索运用多种方式方法进行感受与欣赏、表现和创造等音乐实践，积极尝试运用音乐知识和能力解决音乐和生活中的实际问题，做到知行合一。	30	
	教师行为	8. 有较强的组织协调能力、应变能力和即时评价能力，有教改创新精神和良好独特的教学风格。 9. 积极引导学生主动地获取知识，培养学生收集处理信息的能力。有利于“三维”目标的实现，有利于学生的发展，培养学生审美情趣。 10. 专业基本功扎实，示范娴熟，富有激情和感染力；评价语言生动、准确，教态亲切有感染力，有针对性、有层次性、有专业性，能灵活处理课堂生成资源，富有教学机智。	20	
教学效果20	目标达成	11. 充分体现音乐的熏陶和濡染，学生获得成长的激励，获得成功的积极体验，学生的情感、态度、价值观都得到相应的发展，知识与技能提升准确落实。 12. 改进了学生的学习方式和学习策略，提升了学生获取新知识的能力和收集处理信息的能力。	20	

续表

<table>
<tr><td rowspan="2">简评</td><td rowspan="2">写教学特点：</td><td>合计</td><td></td></tr>
<tr><td>等级</td><td></td></tr>
</table>

注：1. 评价人根据课堂教学的实际情况对各方面进行等级评价，各项累计得分 90 分为优，89 ~ 80 分为良，79 ~ 60 分为中，60 分以下为差。2. 根据评价情况与任课教师沟通，共同反思和分析课堂，找出优点和不足，促进教师和学生的共同发展。

附件9:本真教育校本化实践美术学科课堂教学评价表

姓名		学校		授课班级	
学科		时间		评课人	
课题					

A指标	B指标	C评价指标	权重(分值)	评分
教学设计30	教学目标	1.符合学科课程标准和教材的要求及学生实际,并落实在教学全过程中。 2.明确、合理、具体,可操作性强。	15	
	教学内容	3.知识结构合理,突出重点、生动、形象,富有美感,难易适度。 4.正确把握学科的知识、思想和方法,注重教学资源的开发与整合。	15	
教学实施50	学生行为	5.学生积极主动地“自主、合作、探究”学习,参与讨论交流,发现和解决问题的能力得到体现。 6.学生学习方式和学习策略较好,思维活跃,能感悟生活中的真善美,丰富形象思维和创造意识。	20	
	教师行为	7.教学思路清晰,教学设计合理。教师重视对学生核心素养的培养,教学中进行学科核心素养的渗透。 8.教师引导学生积极主动地获取知识,鼓励学生积极思维。 9.教师有运用多种方式方法进行感受与欣赏、表现和创造的美术实践。	20	
	教师素养	10.有现代教育教学理念,并体现在课堂教学的每一个环节中,有教改创新精神,有良好独特的教学风格。 11.语言生动、准确,教态亲切有感染力;示范娴熟,富有激情和感染力;评价以人为本,以发展性评价为主(有针对性、有层次性、有专业性)。	10	
教学效果20	目标达成	12.学生的情感、态度、价值观都得到相应的发展。 13.充分体现美术的熏陶和濡染,学生获得成长的激励,获得成功的积极体验。 14.能用不同视觉观察感知审美对象,充分体验,获取相应的知识能力。 15.能大胆尝试运用所学美术知识和技能进行表现与创造,展示个性。	20	

续表

<table>
<tr><td rowspan="2">简评</td><td rowspan="2">写教学特点：</td><td>合计</td><td></td></tr>
<tr><td>等级</td><td></td></tr>
</table>

注：1. 评价人根据课堂教学的实际情况对各方面进行等级评价，各项累计得分 90 分为优，89 ~ 80 分为良，79 ~ 60 分为中，60 分以下为差。2. 根据评价情况与任课教师沟通，共同反思和分析课堂，找出优点和不足，促进教师和学生的共同发展。

学校本真教育校本化实践的课题研究(四)

"本真课程体系实践研究"成果公报

课题批准号:XH2015B212　　课题类别:一般课题

课题负责人:薛萍

课题承担单位:重庆高新技术产业开发区陈家坪小学

主要成员:杭元康　张敏　王剑平　赵颖　刘灵丹　李晓洁

一、课题研究的指导思想

为贯彻落实《国家中长期教育改革和发展规划纲要(2010—2020)年》和教育部《关于全面深化课程改革 落实立德树人根本任务的意见》(教基二〔2014〕4号)的精神,根据重庆市九龙坡区教育委员会《关于全面推进中小学校课程体系建设的指导意见》(九龙坡教办〔2015〕7号)和重庆市九龙坡区教师进修学院《关于全面推进中小学课程体系建设的实施方案》(九进发〔2015〕5号),进一步推进学校课程体系建设,深化"品质课堂"教学改革,全面提高育人质量,特开展该课题研究。

二、课题研究的主要内容和研究方法

(一)研究内容

①摸清本真课程建设前后学校的现状。

②构建本真课程体系框架图。

③探索本真课程实施策略研究。从课程目标、课程结构、课程内容、课程资源、课程实施、课程保障和课程评价七个方面进行研究。

④开发出本真校本课程。

⑤探索本真课程评价工具标准。

（二）研究方法

1. 文献研究法

文献研究法是指通过文献检索，收集、整理国内关于"课程体系建设"介绍和实践的文献资料，形成相应的文献综述和学习材料，供参研教师学习讨论。

2. 调查研究法

调查研究法是指根据实验需要采用问卷、访谈、测评等形式进行调查分析，开发出孩子喜欢，老师又便于操作的课程设置。

3. 行动研究法

行动研究法是以学校各校本课程开发者为研究主体，以全体教师为研究对象，在调查了解的基础上，制订分阶段研究的方案与实施细则，以"计划—实施—反思—总结"的形式逐步推进。

4. 经验总结法

经验总结法是指通过对实践活动中的具体情况进行归纳与分析，使之系统化、理论化，上升为经验的一种方法。在本课题中，针对我们在构建"本真课程体系"过程中的有效经验进行总结提验，力争上升到理论的高度。

三、课题研究取得的主要成果

①摸清了实施课程体系建设前后学校教师对课程体系建设的认识度。

②构建出本真课程体系框架。

③探索出了本真课程体系实施策略：

策略一：制订实施方案，顶层设计本真课程体系。

策略二：建立长效机制，保障本真课题体系的实施。

策略三:开发校本课程,凸显本真课程体系特色。

策略四:制订实施策略,达成校本课程目标。

策略五:评价激励,深化本真课程体系的实践研究。

④开发出本真课程系列校本教材。

⑤研制出了本真课程评价标准。

⑥形成了论文集、案例集等物化成果。

四、研究成果推广的范围

该课题现仅在本校实施。

1. 研究成果取得的社会效益

学校学生学业水平综合排序连续上升,从 2016 年的全区排名第 34 位,到 2017 年的全区排名第 23 位,再到 2018 年的全区排名第 16 位,说明了我校开展的课程体系研究工作真实地指导了学校的教育教学工作,取得了明显的效果。

学校教学质量的提升,赢得了家长的支持和配合。从学校的一个艺术节活动就获得家长 4 万多的点击率,可以看出家长对学校的办学是满意的,对学校发展的未来是充满期望的。

2. 该研究领域尚待进一步探讨的主要理论与实际问题

①学校在做好课程开发的时候,主要面临着师资力量、学校硬件条件等诸多困境,如何利用现有的资源,保证课程开发的质量,是课程建设顶层设计中急需解决的现实问题。

②在课程建设中,如何更落实更有效地做好课程评价,确保课程实施的质量,还有待于在今后的研究中继续探索。

学校本真教育校本化实践的校本教材总序：

用本真教育培养中国公民素养的实践

——陈家坪小学《国学经典》校本教材总序

叶贵本

研究中华文化和传承中华优秀文化，是学校教育立德树人的重要责任和使命。重庆高新技术产业开发区陈家坪小学在传承中华优秀文化方面做了一件有益的事，就是选择了中华优秀文化中的汉字书写、名人故事、成语和古诗词等，依据小学生学习国学的学习基础，编写形成了1—6年级的《国学经典》校本教材，经过前期的初步使用，表明对中华传统文化进教材、进课堂、进头脑起到了课程育人的作用。为此，学校拟定整理完善后交出版社正式出版。教材正式出版前，学校邀请我为教材的出版作一个序，于是有以下的几点说法。

首先是国学的理解。中华文化历史源远流长，中华学术思想和内容十分丰富，大体而言，国学有中国古代的哲学思想，如老子的道德教育思想；有中国古代的教育原理和方法，如孔子的有教无类及因材施教原理和方法；有中国古代的文学创作，如古诗歌小说戏剧；有中国独特的中医药技术，如中医诊脉和针灸疗法；有关于不同民族的人文风貌与地理描述，如少数民族服饰与汉族饮食文化等。对小学生而言，选择国学中的一些汉字书写、有趣的名人故事、简短的古诗词文、成语等经典内容，纳入综合实践学习课程教学，以让学生了解和参与中华文化的传承活动，我个人认为是很有必要的，更是国学的启蒙教育所需要的。

其次是素质教育的问题。素质教育是全面贯彻党的教育方针，全面深化学校教育改革的重要途径，小学生学习国学知识，增进对于中华优秀文化历史和人物的了解，培养中国素养，这是中国特色的社会主义教育所要求的，学校要纳入课程建设和学生的素质教育课程与教学活动之中。长期以来，素质教育的核心问题是什么样的素养是学生成长、健康生活和成为有所作为的人所要面对的问题。现在国家提出核心素养，学生成长、健康生活和有所作为需要培养其必备品格与关键能力。国家在全面推进素质教育过程中，也提出培养学生的创新精神、社会实践能力、社会责任感三个重点。我个人认为，素质教育从小学生开始，就要立足于做中国公民，培养中国公民的素质修养。国学经典的教育，是培养中国公民的素质教育，小学生是中国公民的未来，加强国学教育，尤其是国学经典的教育，对未来教育的意义重大，任重道远。

再次是校本教材的教学问题。教学在新的教育理念下，也就是以学生为本，以学生的学习为主线，以学生的学业质量提高为目标等理念下，一是要把握好小学生的学习基础与学习生活经验，国学的内容要简单和容易理解运用，学习的方式也要灵活多样化。二是教师自身需要不断地学习国学，要充分了解和运用好中国古代的优秀教育思想与教学方法，提高国学教学能力。三是在学校的教学评价管理上，要特别重视国学培养中国公民素养，小学生国学素质教育评价导向的管理。教学有法而无定法，学生的公民素质教育关系未来中国公民的发展。

最后，对于《国学经典》校本教材的正式出版表示祝贺，对于教材中需要修改完善，能够更有利于提高小学生国学学习能力的内容，学校要在专家的指导下不断进行完善，以实现对小学生进行中国素养培养的素质教育目标。

陈家坪小学本真教育校本化探索与实践成果获奖主要证书

重庆市九龙坡区2014—2015学年度
中小学（幼儿园）办学综合目标考核

一等奖

重庆市九龙坡区教育委员会
重庆市九龙坡区人民政府教育督导室
二〇一五年八月

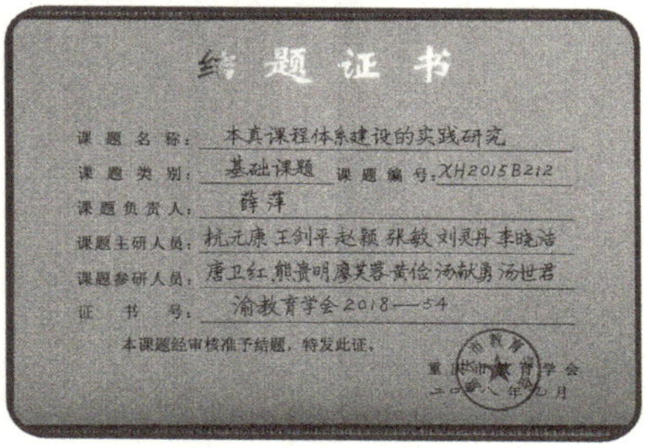
结题证书

课题名称：本真课程体系建设的实践研究
课题类别：基础课题 课题编号：XH2015B212
课题负责人：薛萍
课题主研人员：杭元康 王剑平 赵颖 张敏 刘灵丹 李晓洁
课题参研人员：唐卫红 熊贵明 廖芙蓉 黄俭 汤献勇 汤世君
证书号：渝教育学会2018—54

本课题经审核准予结题，特发此证。

重庆市教育学会
二〇一八年九月

奖 状
2016年重庆市九龙坡区中小学跳踢比赛中
荣获小学组集体跳长绳比赛
第二名
二〇一六年十二月二十八日

重庆市2017年中小学生跳绳比赛
小学组集体长绳
二等奖

重庆市2018年中小学生跳绳比赛
小学组4X1分钟接力跳绳
二等奖
重庆市教育委员会
二〇一八年五月

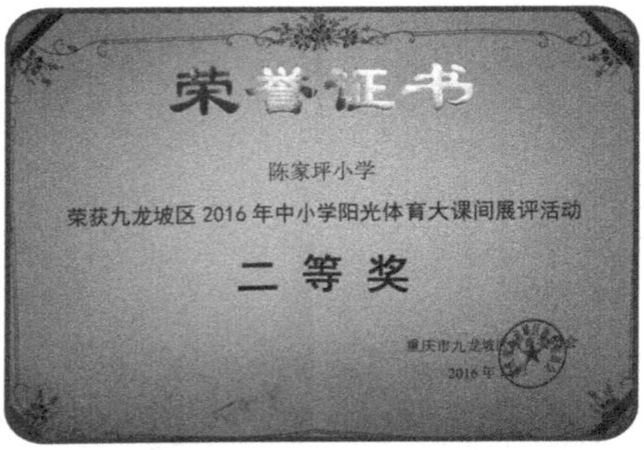
荣誉证书
陈家坪小学
荣获九龙坡区 2016 年中小学阳光体育大课间展评活动
二 等 奖

重庆市2018年中小学生跳绳比赛
小学组集体跳长绳
三等奖
重庆市教育委员会
二〇一八年五月

重庆市2018年中小学生跳绳比赛
小学组花式跳绳
三等奖
重庆市教育委员会
二〇一八年五月

荣誉证书
学校：
在2017年重庆市九龙坡区青少年跳踢锦标赛集体跳长绳比赛中，荣获小学组
第四名
重庆市九龙坡区体育局
二〇一七年十二月

2017年重庆市九龙坡区青少年跳踢锦标赛
（小学组团体总分）
第六名
二〇一七年十二月

奖状

陈家坪小学：

在2018年九龙坡区首届"计算思维编程竞技"活动中荣获：

组织奖

特发此状，以资鼓励！

荣誉证书

陈家坪小学：

你校在"第十八届世界华人学生作文大赛"中成绩突出，特评为优秀组织奖。

重庆市九龙坡区归国华侨联合会 重庆市九龙坡区教育委员会

2017年11月15日

奖状

陈家坪小学三（1）乐乐中队：

在2017—2018学年少先队活动中成绩突出，被评为九龙坡区

魅力中队

重庆市九龙坡区教育委员会 共青团重庆市九龙坡区委员会 少先队重庆市九龙坡区工作委员会

奖状

陈家坪小学五（1）中队：

在2017—2018学年少先队活动中成绩突出，被评为九龙坡区

魅力中队

重庆市九龙坡区教育委员会 共青团重庆市九龙坡区委员会 少先队重庆市九龙坡区工作委员会

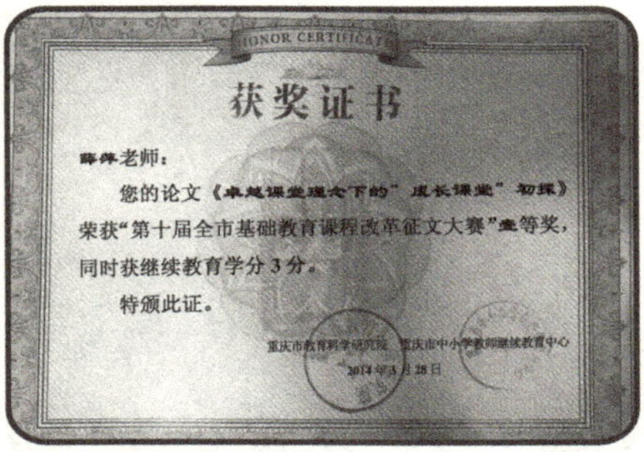
HONOR CERTIFICATE

获奖证书

薛萍老师：

您的论文《卓越课堂理念下的"成长课堂"初探》荣获"第十届全市基础教育课程改革征文大赛"壹等奖，同时获继续教育学分3分。

特颁此证。

重庆市教育科学研究院 重庆市中小学教师继续教育中心

2014年3月28日

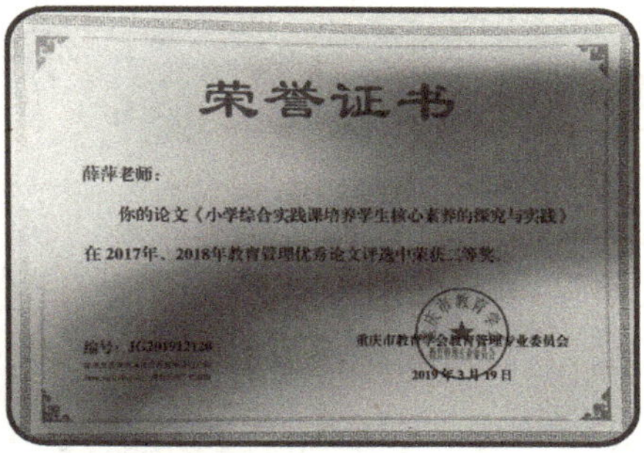
荣誉证书

薛萍老师：

你的论文《小学综合实践课培养学生核心素养的探究与实践》在2017年、2018年教育管理优秀论文评选中荣获二等奖。

编号：JG201912126

重庆市教育学会教育管理专业委员会

2019年3月19日

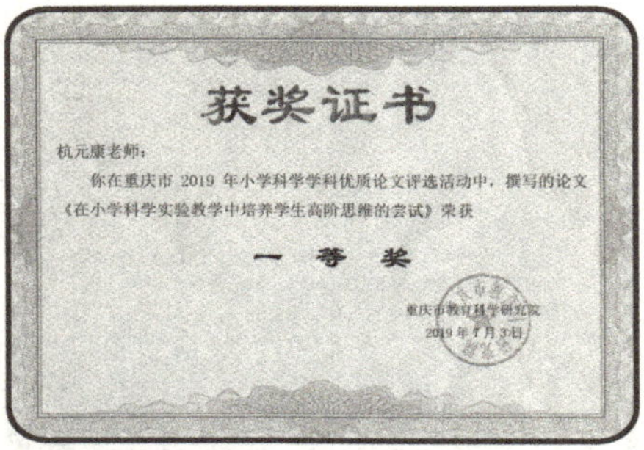
获奖证书

杭元康老师：

你在重庆市2019年小学科学学科优质论文评选活动中，撰写的论文《在小学科学实验教学中培养学生高阶思维的尝试》荣获

一等奖

重庆市教育科学研究院

2019年7月3日

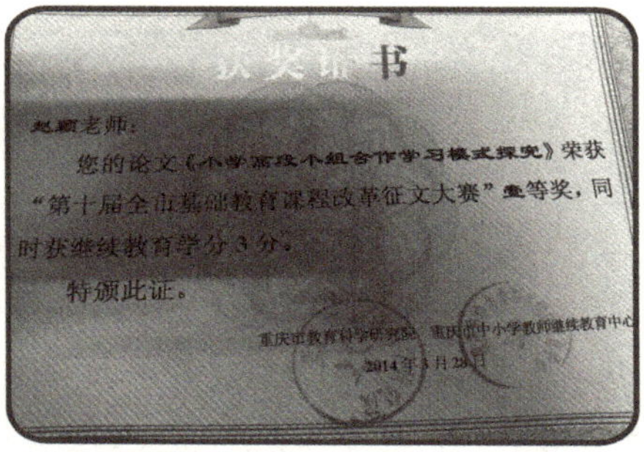
获奖证书

赵丽老师：

您的论文《小学高段小组合作学习模式探究》荣获"第十届全市基础教育课程改革征文大赛"壹等奖，同时获继续教育学分3分。

特颁此证。

重庆市教育科学研究院 重庆市中小学教师继续教育中心

2014年3月28日

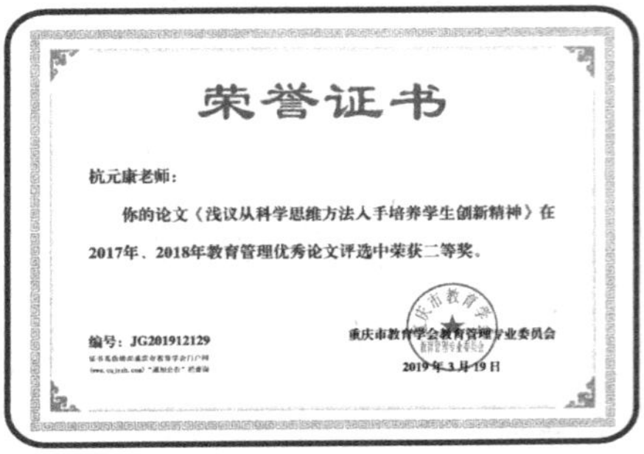
荣誉证书

杭元康老师：

你的论文《浅议从科学思维方法入手培养学生创新精神》在2017年、2018年教育管理优秀论文评选中荣获二等奖。

编号：JG201912129

重庆市教育学会教育管理专业委员会

2019年3月19日

获奖证书

赵颖老师：

你在第十四届全市基础教育课程改革征文大赛活动中荣获贰等奖。

获奖作品：《提高小学生书写问题意识及表达能力的对策研究》

所在学校：九龙坡区陈家坪小学

特颁此证，以资鼓励。

重庆市教育科学研究院

2018年4月

获奖证书

张敏老师：

你在第十四届全市基础教育课程改革征文大赛活动中荣获贰等奖。

获奖作品：《弘扬传统文化 增加语言积累 促进语言运用》

所在学校：九龙坡区陈家坪小学

特颁此证，以资鼓励。

重庆市教育科学研究院

2018年4月

荣誉证书

杭元康 老师：

您的作品 食物在体内的旅行 在九龙坡区第四届中小学教师微课制作大赛中，荣获：

一等奖

重庆市九龙坡区教师进修学院

二〇一七年十月三十日

荣誉证书

赵颖 老师：

你的作品《数学广角》在九龙坡区首届“微课程”大赛中，荣获：

一等奖

重庆市九龙坡区教师进修学院

二〇一四年五月九日

荣誉证书

CERTIFICATE OF COMPLETION

赵颖 老师：

您的作品 20以内的退位减法-破十法 在九龙坡区第三届中小学教师微课制作大赛中，荣获：

一等奖

重庆市九龙坡区教师进修学院

二〇一六年十月三十日

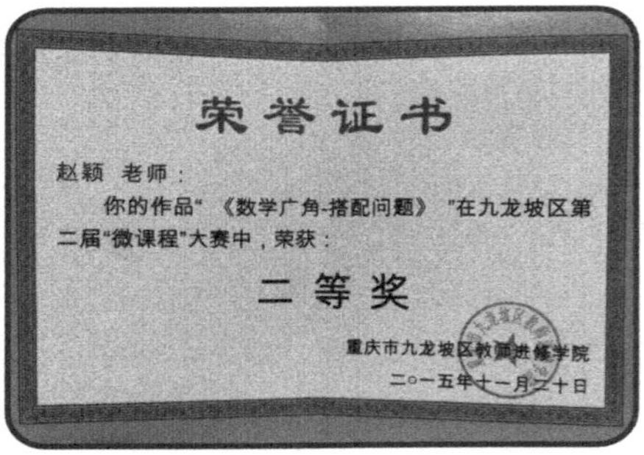
荣誉证书

赵颖 老师：

你的作品“《数学广角-搭配问题》”在九龙坡区第二届“微课程”大赛中，荣获：

二等奖

重庆市九龙坡区教师进修学院

二〇一五年十一月二十日

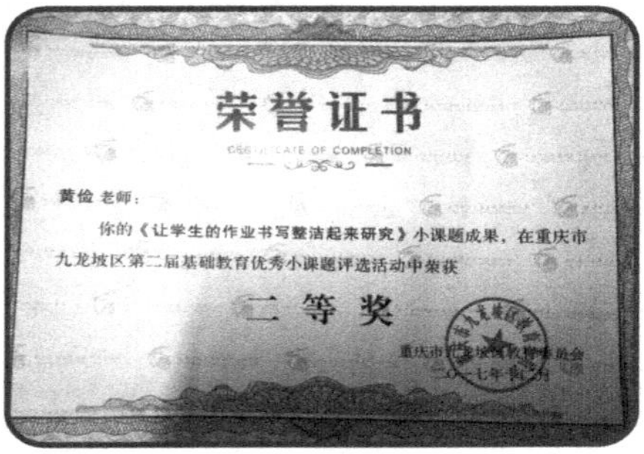
荣誉证书

CERTIFICATE OF COMPLETION

黄俭 老师：

你的《让学生的作业书写整洁起来研究》小课题成果，在重庆市九龙坡区第二届基础教育优秀小课题评选活动中荣获

二等奖

重庆市九龙坡区教育学会

二〇一七年四月

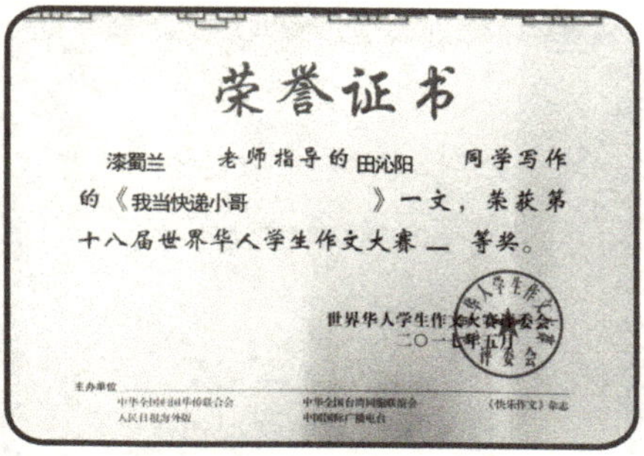

荣誉证书

漆蜀兰 老师指导的田沁阳 同学写作的《我当快递小哥》一文，荣获第十八届世界华人学生作文大赛一等奖。

世界华人学生作文大赛组委会
二〇一七年五月

主办单位
中华全国归国华侨联合会 人民日报海外版
中华全国台湾同胞联谊会 中国国际广播电台
《快乐作文》杂志

获奖证书

廖芙蓉 老师：

你指导的方卓艺同学荣获2019年“新时代好少年”主题教育读书活动“我为祖国点赞”征文比赛小学组一等奖

特发此证，以兹鼓励！

重庆市九龙坡区教育委员会
二〇一九年五月十六日

获奖证书
HONOR CERTIFICATE

熊贵明 老师：

您指导的 九龙坡区陈家坪小学 学生 陈芷淇 在第七届“今日教育杯”重庆市新课程小学生科学小论文征评活动中荣获 壹 等奖，特授予您

指导教师奖

特颁此证，以资鼓励。

重庆市教育科学研究院 今日教育杂志社
2018年6月

获奖证书
HONOR CERTIFICATE

郭莎莎 老师：

您指导的 九龙坡区陈家坪小学 学生 李杭 在第七届“今日教育杯”重庆市新课程小学生科学小论文征评活动中荣获 壹 等奖，特授予您

指导教师奖

特颁此证，以资鼓励。

重庆市教育科学研究院 今日教育杂志社
2018年6月

获奖证书
HONOR CERTIFICATE

杨洋 老师：

您指导的 九龙坡区陈家坪小学 学生 苏岩 在第七届“今日教育杯”重庆市新课程小学生科学小论文征评活动中荣获 壹 等奖，特授予您

指导教师奖

特颁此证，以资鼓励。

重庆市教育科学研究院　今日教育杂志社

2018年6月

获奖证书
HONOR CERTIFICATE

靖雪梅 老师：

您指导的 九龙坡区陈家坪小学 学生 秦诗亚 在第七届“今日教育杯”重庆市新课程小学生科学小论文征评活动中荣获 贰 等奖，特授予您

指导教师奖

特颁此证，以资鼓励。

重庆市教育科学研究院　今日教育杂志社

2018年6月

荣誉证书

张扬盼 老师指导的吴思源 同学写作的《小摇铃 》一文，荣获第十八届世界华人学生作文大赛 二 等奖。

世界华人学生作文大赛评委会

二〇一七年五月

荣誉证书

CERTIFICATE OF COMPLETION

黄俭 老师：

你的《让学生的作业书写整洁起来研究》小课题成果，在重庆市九龙坡区第二届基础教育优秀小课题评选活动中荣获

二等奖

重庆市九龙坡区教育委员会

二〇一七年四月

获奖证书

HONOR CERTIFICATE

黄俭 老师：

您指导的 九龙坡区陈家坪小学 学生 蔡梓蔚 等2人 在第七届“今日教育杯”重庆市新课程小学生科学小论文征评活动中荣获 贰 等奖，特授予您

指导教师奖

特颁此证，以资鼓励。

重庆市教育科学研究院　　今日教育杂志社

2018年6月

获奖证书

HONOR CERTIFICATE

邱元清 老师：

您指导的 九龙坡区陈家坪小学 学生 胡钰涂 在第七届“今日教育杯”重庆市新课程小学生科学小论文征评活动中荣获 贰 等奖，特授予您

指导教师奖

特颁此证，以资鼓励。

重庆市教育科学研究院　　今日教育杂志社

2018年6月

获奖证书

HONOR CERTIFICATE

郭莎莎 老师：

您指导的 九龙坡区陈家坪小学 学生 刘浚艺 在第七届“今日教育杯”重庆市新课程小学生科学小论文征评活动中荣获 贰 等奖，特授予您

指导教师奖

特颁此证，以资鼓励。

重庆市教育科学研究院　　今日教育杂志社

2018年6月

获奖证书

HONOR CERTIFICATE

廖芙蓉 老师：

您指导的 九龙坡区陈家坪小学 学生 李亭毓 在第七届“今日教育杯”重庆市新课程小学生科学小论文征评活动中荣获 贰 等奖，特授予您

指导教师奖

特颁此证，以资鼓励。

重庆市教育科学研究院　　今日教育杂志社

2018年6月

荣誉证书
申妮 同志：
您在2016—2017学年工作中被评为：
成绩突出教师
重庆市九龙坡区人力资源和社会保障局
重庆市九龙坡区教育委员会
2017年9月10日

荣誉
张敏 同志：
您在2016—2017学年工作中被评为：
成绩突出教师
重庆市九龙坡区人力资源和社会保障局
重庆市九龙坡区教育委员会
2017年9月10日

荣誉
杨洋 同志：
您在2016—2017学年工作中被评为：
成绩突出教师
重庆市九龙坡区人力资源和社会保障局

荣誉
蒋治蜀 同志：
您在2016—2017学年工作中被评为：
成绩突出教师
重庆市九龙坡区人力资源和社会保障局
2017年9月10日

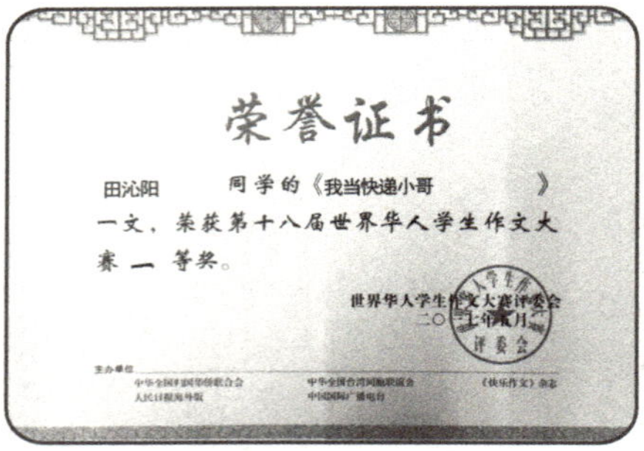
荣誉证书
田沁阳 同学的《我当快递小哥》
一文，荣获第十八届世界华人学生作文大赛 一 等奖。
世界华人学生作文大赛评委会

获奖证书
方卓艺 同学：
荣获2019年“新时代好少年”主题教育读书活动“我为祖国点赞”征文比赛小学组
一等奖
特发此证，以兹鼓励！

荣誉证书
吴思源 同学的《小摇铃》
一文，荣获第十八届世界华人学生作文大赛 二 等奖。
世界华人学生作文大赛评委会

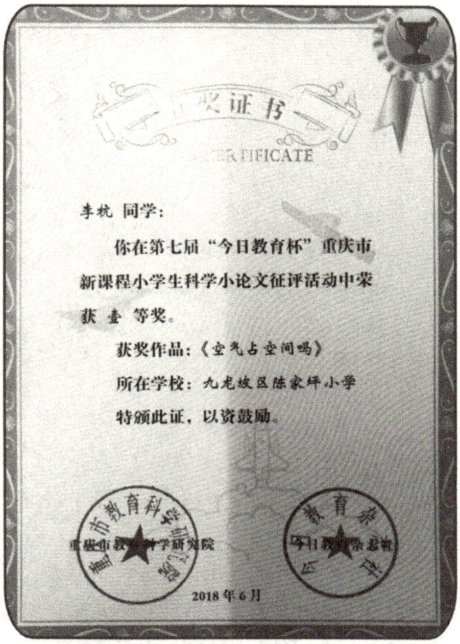

获奖证书

CERTIFICATE

李杭 同学：

你在第七届“今日教育杯”重庆市新课程小学生科学小论文征评活动中荣获 壹 等奖。

获奖作品：《空气占空间吗》

所在学校：九龙坡区陈家坪小学

特颁此证，以资鼓励。

重庆市教育科学研究院　今日教育杂志社

2018年6月

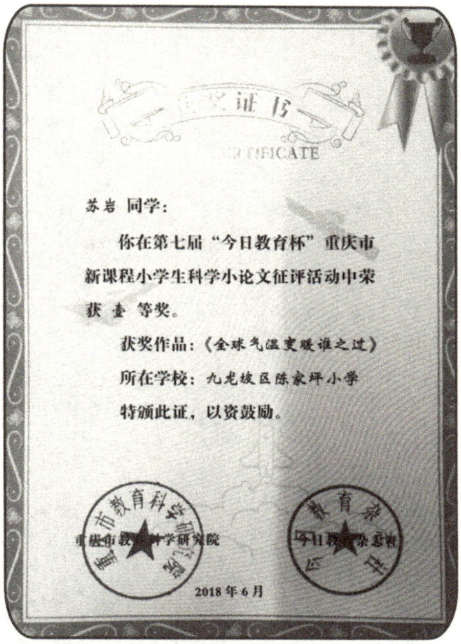

获奖证书

CERTIFICATE

苏岩 同学：

你在第七届“今日教育杯”重庆市新课程小学生科学小论文征评活动中荣获 壹 等奖。

获奖作品：《全球气温变暖谁之过》

所在学校：九龙坡区陈家坪小学

特颁此证，以资鼓励。

重庆市教育科学研究院　今日教育杂志社

2018年6月

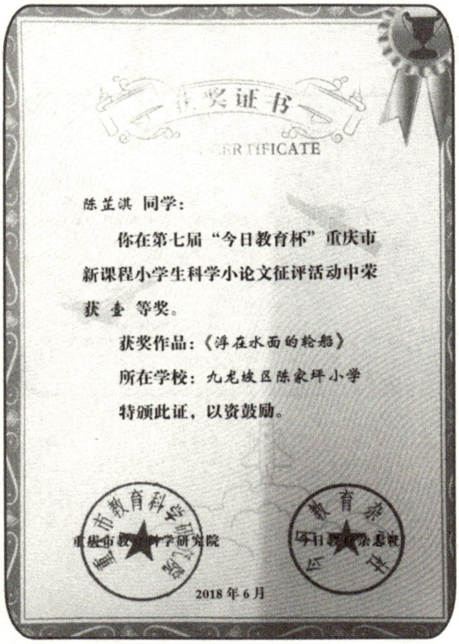

获奖证书

CERTIFICATE

陈芷淇 同学：

你在第七届“今日教育杯”重庆市新课程小学生科学小论文征评活动中荣获 壹 等奖。

获奖作品：《浮在水面的轮船》

所在学校：九龙坡区陈家坪小学

特颁此证，以资鼓励。

重庆市教育科学研究院　今日教育杂志社

2018年6月

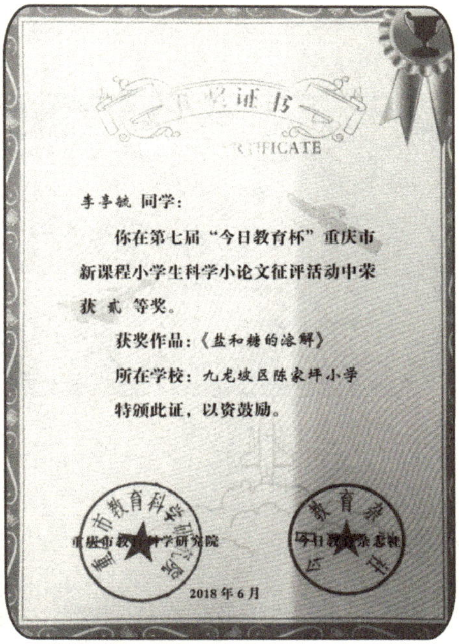

获奖证书

CERTIFICATE

李亭毓 同学：

你在第七届“今日教育杯”重庆市新课程小学生科学小论文征评活动中荣获 贰 等奖。

获奖作品：《盐和糖的溶解》

所在学校：九龙坡区陈家坪小学

特颁此证，以资鼓励。

重庆市教育科学研究院　今日教育杂志社

2018年6月

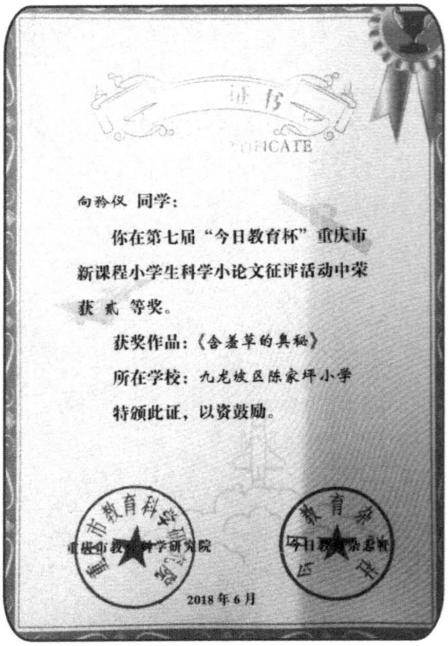
CATE
向矜仪 同学：
你在第七届“今日教育杯”重庆市新课程小学生科学小论文征评活动中荣获 贰 等奖。
获奖作品：《含羞草的奥秘》
所在学校：九龙坡区陈家坪小学
特颁此证，以资鼓励。
2018年6月

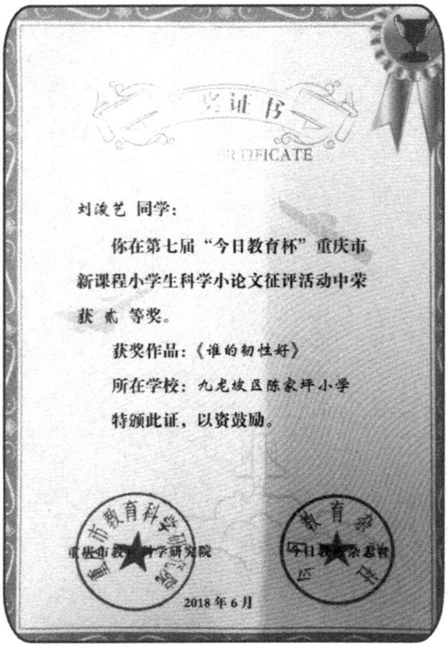
奖证书
FICATE
刘浚艺 同学：
你在第七届“今日教育杯”重庆市新课程小学生科学小论文征评活动中荣获 贰 等奖。
获奖作品：《谁的韧性好》
所在学校：九龙坡区陈家坪小学
特颁此证，以资鼓励。
2018年6月

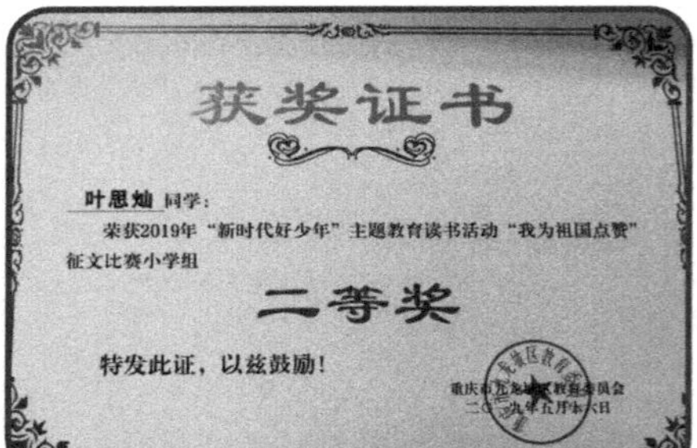
获奖证书
叶思灿 同学：
荣获2019年“新时代好少年”主题教育读书活动“我为祖国点赞”征文比赛小学组
二等奖
特发此证，以兹鼓励！

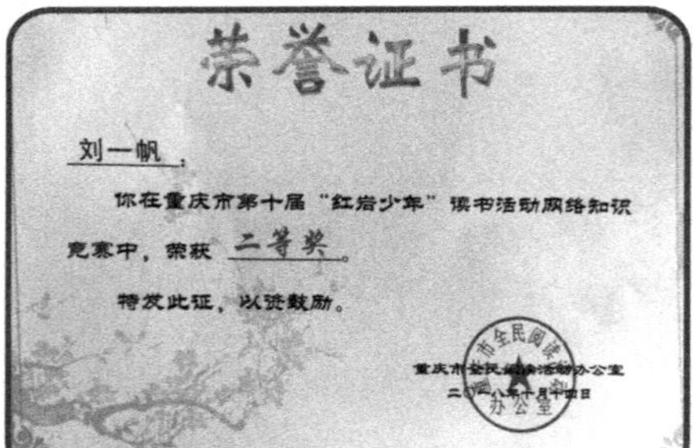
荣誉证书
刘一帆：
你在重庆市第十届“红岩少年”读书活动网络知识竞赛中，荣获 二等奖。
特发此证，以资鼓励。

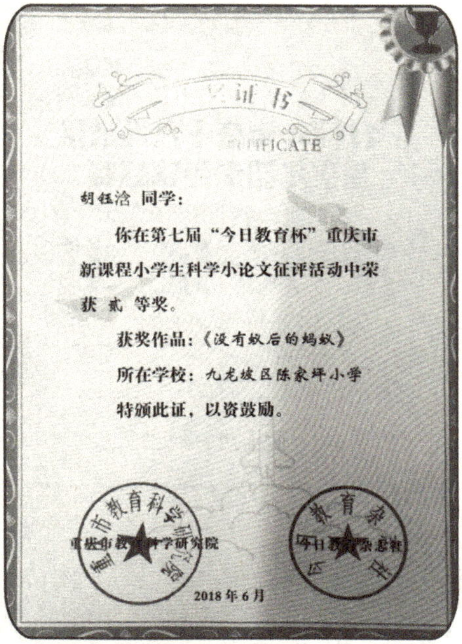
奖证书

CERTIFICATE

胡钰浛 同学：

你在第七届“今日教育杯”重庆市新课程小学生科学小论文征评活动中荣获 贰 等奖。

获奖作品：《没有蚁后的蚂蚁》

所在学校：九龙坡区陈家坪小学

特颁此证，以资鼓励。

重庆市教育科学研究院　今日教育杂志社

2018年6月

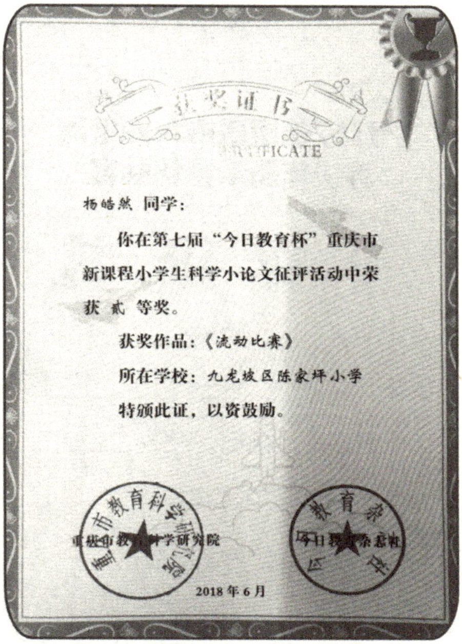
获奖证书

CERTIFICATE

杨皓然 同学：

你在第七届“今日教育杯”重庆市新课程小学生科学小论文征评活动中荣获 贰 等奖。

获奖作品：《流动比赛》

所在学校：九龙坡区陈家坪小学

特颁此证，以资鼓励。

重庆市教育科学研究院　今日教育杂志社

2018年6月

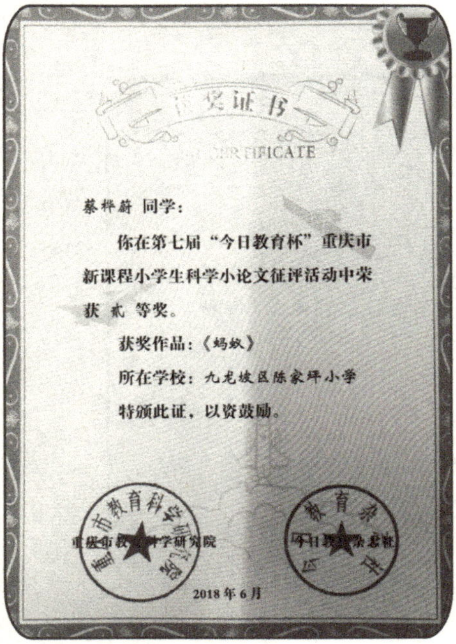
获奖证书

CERTIFICATE

蔡梓蔚 同学：

你在第七届“今日教育杯”重庆市新课程小学生科学小论文征评活动中荣获 贰 等奖。

获奖作品：《蚂蚁》

所在学校：九龙坡区陈家坪小学

特颁此证，以资鼓励。

重庆市教育科学研究院　今日教育杂志社

2018年6月

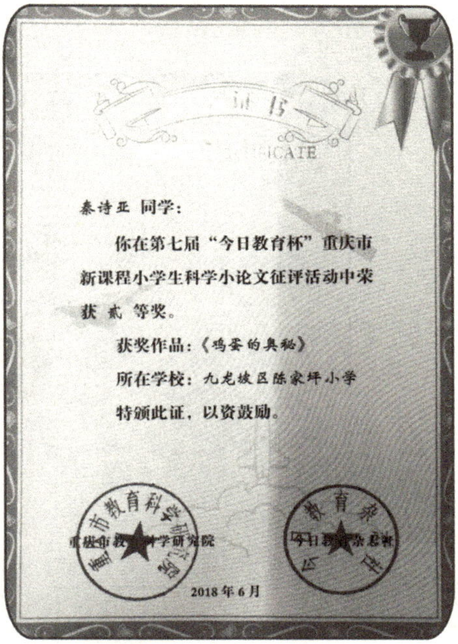
证书

CERTIFICATE

秦诗亚 同学：

你在第七届“今日教育杯”重庆市新课程小学生科学小论文征评活动中荣获 贰 等奖。

获奖作品：《鸡蛋的奥秘》

所在学校：九龙坡区陈家坪小学

特颁此证，以资鼓励。

重庆市教育科学研究院　今日教育杂志社

2018年6月

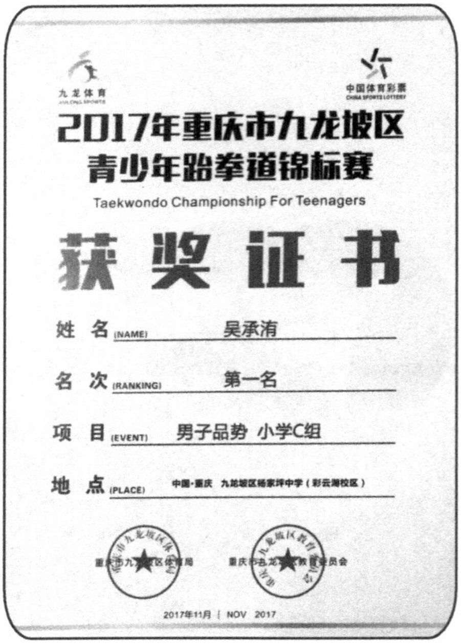
九龙体育
中国体育彩票
CHINA SPORTS LOTTERY
2017年重庆市九龙坡区
青少年跆拳道锦标赛
Taekwondo Championship For Teenagers
获奖证书
姓名(NAME) 吴承洧
名次(RANKING) 第一名
项目(EVENT) 男子品势 小学C组
地点(PLACE) 中国·重庆 九龙坡区杨家坪中学（彩云湖校区）
重庆市九龙坡区体育局
重庆市九龙坡区教育委员会
2017年11月 | NOV 2017

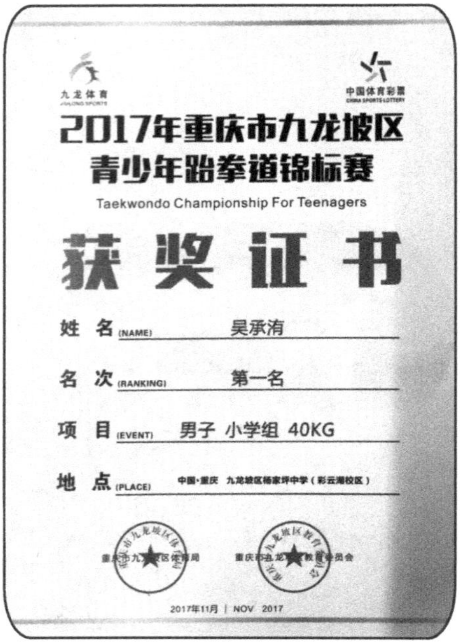
九龙体育
中国体育彩票
CHINA SPORTS LOTTERY
2017年重庆市九龙坡区
青少年跆拳道锦标赛
Taekwondo Championship For Teenagers
获奖证书
姓名(NAME) 吴承洧
名次(RANKING) 第一名
项目(EVENT) 男子 小学组 40KG
地点(PLACE) 中国·重庆 九龙坡区杨家坪中学（彩云湖校区）
重庆市九龙坡区体育局
重庆市九龙坡区教育委员会
2017年11月 | NOV 2017

获奖证书
唐浩同学：
你在2018年九龙坡区首届“计算思维编程竞技”活动中荣获scratch小学组：
一等奖
特发此状，以资鼓励！
重庆市九龙坡区教育委员会
二〇一八年五月十五日

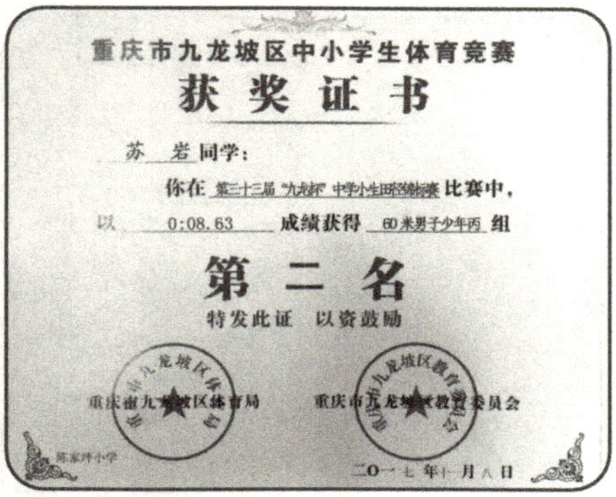
重庆市九龙坡区中小学生体育竞赛
获奖证书
苏　岩同学：
你在 第三十三届"九龙杯"中学小生田径运动会 比赛中，
以 0:08.63 成绩获得 60米男子少年丙 组
第二名
特发此证　以资鼓励
重庆市九龙坡区体育局　重庆市九龙坡区教育委员会
陈家坪小学
二〇一七年十一月八日

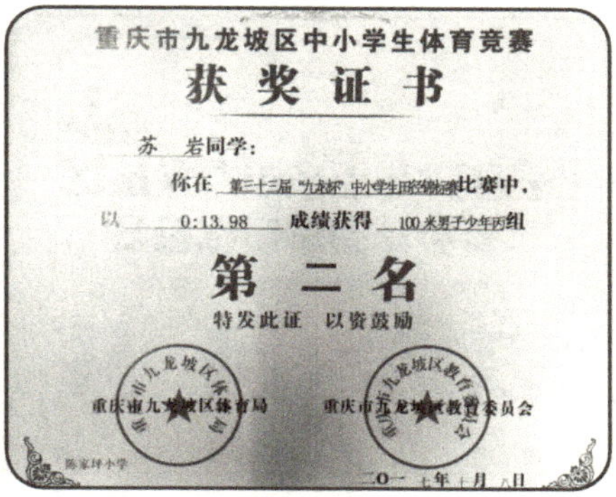
重庆市九龙坡区中小学生体育竞赛
获奖证书
苏　岩同学：
你在 第三十三届"九龙杯"中小学生田径运动会 比赛中，
以 0:13.98 成绩获得 100米男子少年丙 组
第二名
特发此证　以资鼓励
重庆市九龙坡区体育局　重庆市九龙坡区教育委员会
陈家坪小学
二〇一七年十一月八日

奖状
苏岩同学：
你在2018年九龙坡区首届"计算思维编程竞技"活动中荣获scratch小学组：
二等奖
特发此状，以资鼓励！

奖状
张棕锋同学：
你在2018年九龙坡区首届"计算思维编程竞技"活动中荣获scratch小学组：
二等奖
特发此状，以资鼓励！

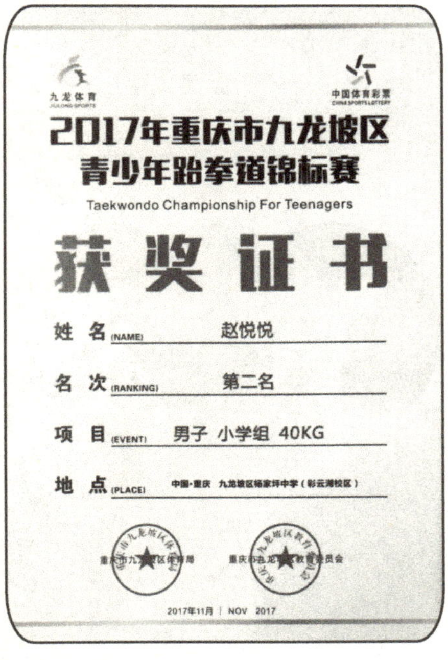
九龙体育
中国体育彩票
CHINA SPORTS LOTTERY
2017年重庆市九龙坡区
青少年跆拳道锦标赛
Taekwondo Championship For Teenagers
获奖证书
姓名(NAME) 赵悦悦
名次(RANKING) 第二名
项目(EVENT) 男子 小学组 40KG
地点(PLACE) 中国·重庆 九龙坡区杨家坪中学（彩云湖校区）
重庆市九龙坡区体育局　重庆市九龙坡区教育委员会
2017年11月 | NOV 2017

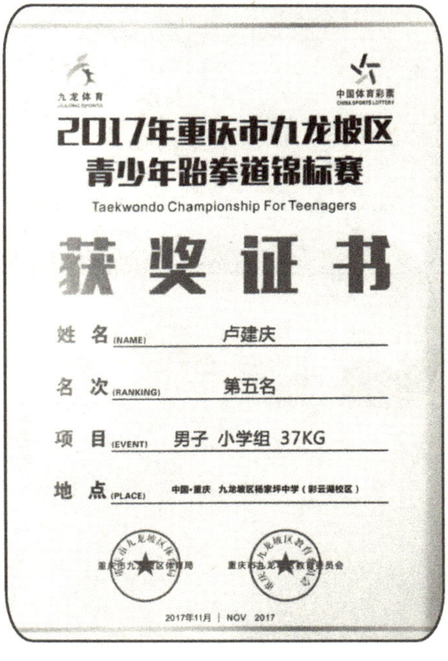
九龙体育
中国体育彩票
CHINA SPORTS LOTTERY
2017年重庆市九龙坡区
青少年跆拳道锦标赛
Taekwondo Championship For Teenagers
获奖证书
姓名(NAME) 卢建庆
名次(RANKING) 第五名
项目(EVENT) 男子 小学组 37KG
地点(PLACE) 中国·重庆 九龙坡区杨家坪中学（彩云湖校区）
重庆市九龙坡区体育局　重庆市九龙坡区教育委员会
2017年11月 | NOV 2017

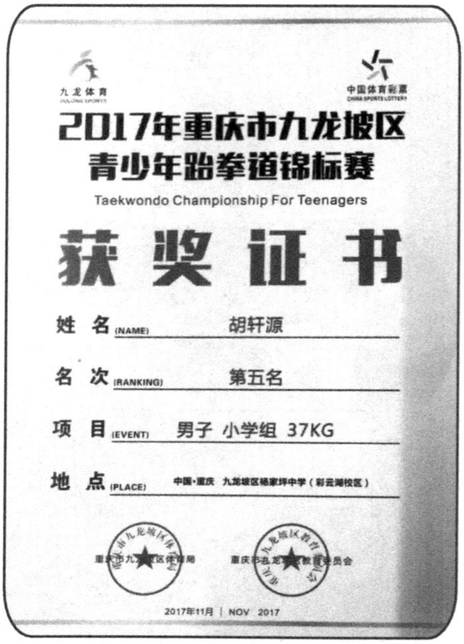
九龙体育
中国体育彩票
2017年重庆市九龙坡区
青少年跆拳道锦标赛
Taekwondo Championship For Teenagers
获奖证书
姓 名(NAME) 胡轩源
名 次(RANKING) 第五名
项 目(EVENT) 男子 小学组 37KG
地 点(PLACE) 中国·重庆 九龙坡区杨家坪中学（彩云湖校区）
重庆市九龙坡区体育局 重庆市九龙坡区教育委员会
2017年11月 | NOV 2017

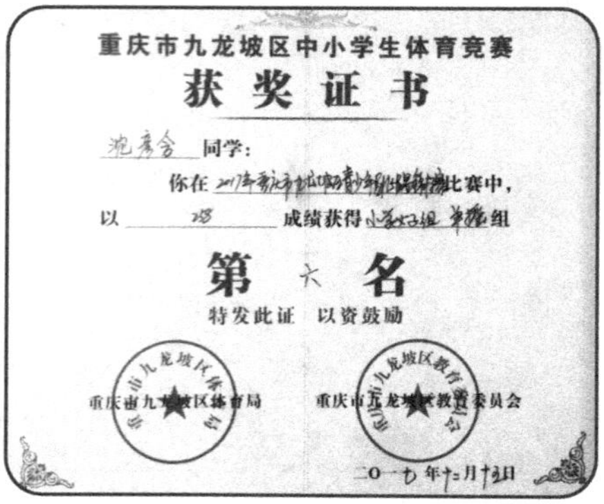
重庆市九龙坡区中小学生体育竞赛
获奖证书
同学：
你在　　　　　　比赛中，
以　　　　成绩获得　　　　组
第 六 名
特发此证 以资鼓励
重庆市九龙坡区体育局 重庆市九龙坡区教育委员会

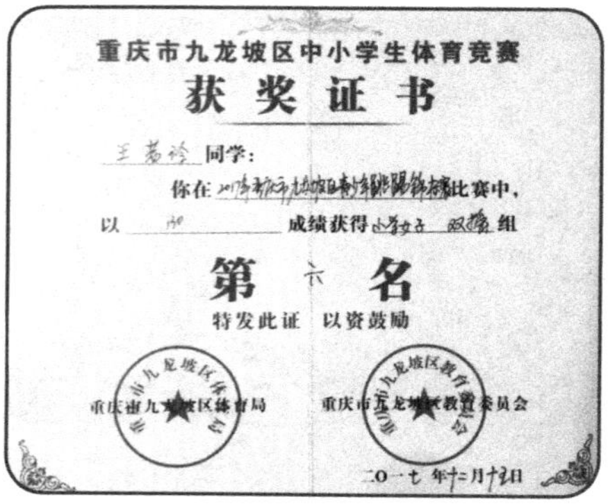
重庆市九龙坡区中小学生体育竞赛
获奖证书
同学：
你在　　　　　　比赛中，
以　　　　成绩获得　　　　组
第 六 名
特发此证 以资鼓励
重庆市九龙坡区体育局 重庆市九龙坡区教育委员会

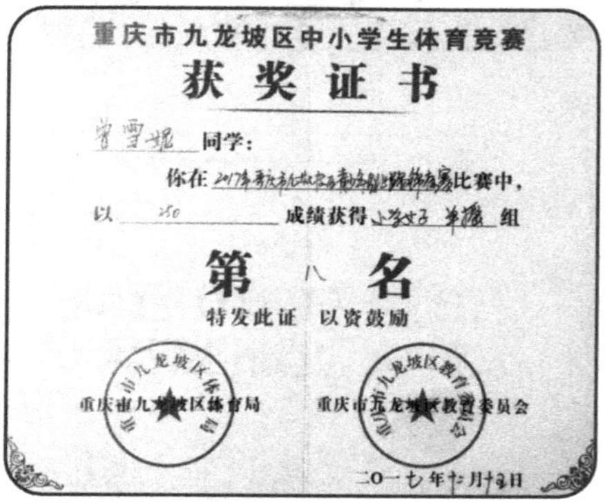
重庆市九龙坡区中小学生体育竞赛
获奖证书
同学：
你在　　　　　　比赛中，
以　　　　成绩获得　　　　组
第 八 名
特发此证 以资鼓励
重庆市九龙坡区体育局 重庆市九龙坡区教育委员会

参考文献

[1] 靳玉乐. 校本课程开发的理念与策略[M]. 成都:四川教育出版社,2006.

[2] 李臣之. 校本课程开发[M]. 北京:北京师范大学出版社,2015.

[3] 拉尔夫·泰勒. 课程与教学的基本原理[M]. 罗康,张阅,译. 北京:人民教育出版社,1994.

[4] 蔡敏. 当代学生课业评价[M]. 上海:上海教育出版社,2006.

[5] 徐玉珍. 校本课程开发的理论与案例[M]. 北京:人民教育出版社,2003.

[6] 约翰·杜威. 艺术即经验[M]. 高建平,译. 北京:商务印书馆,2010.

[7] 王策三. 教学认识论(修订本)[M]. 北京:北京师范大学出版社,2002.

[8] 陈时见. 课堂管理论[M]. 桂林:广西师范大学出版社,2002.

[9] 林德胜. 从主体间性的角度探析新课程背景下中学课堂管理的策略[D]. 福州:福建师范大学,2008.

[10] 吴刚平. 高中课程资源开发和利用的实践智慧[M]. 北京:高等教育出版社,2004.

[11] 门秀萍. 中小学校本课程开发的理论与实践[M]. 北京:开明出版社,2003.

[12] 崔允漷. 校本课程开发:理论与实践[M]. 北京:教育科学出版社,2001.

[13] 田海燕. 学校课程开发中的学生需求分析[D]. 北京：首都师范大学，2004.

[14] 袁义刚. 中学德育教育的实效性[J]. 理论学习，2004（9）：40.

[15] 刘东方. 对目前我国传统德育的思考[J]. 教育探索，2001（6）：69-70.

[16] 王彦明. 时代呼唤本真教育的回归——雅斯贝尔斯《什么是教育》的解读[J]. 教育前沿（综合版），2007（6）：85-87.

[17] 陈向明. 教师的作用是什么？——对教师隐喻的分析[J]. 教育研究与实验，2001（1）：13-19，72.

[18] 王彦. 浅谈校本课程开发[J]. 教育发展研究，2000（4）：39-42.

[19] 靳玉乐. 校本课程的实施——经验、问题与对策[J]. 教育研究，2001（9）：53-58.

[20] 田慧生. 时代呼唤教育智慧及智慧型教师[J]. 教育研究，2005（2）：50-57.

[21] 钟启泉. 教师“专业化”：理念、制度、课题[J]. 教育研究，2001（12）：12-16.

[22] 郑金洲. 案例教学：教师专业发展的新途径[J]. 教育理论与实践，2002，22（7）：36-41.

[23] 吴浩明，张晓峰. 专题考察：教师专业发展的有效模式[J]. 教育发展研究，2005（12）：43-47.

[24] 顾泠沅，王洁. 教师在教育行动中成长——以课例为载体的教师教育模式研究[J]. 全球教育展望，2003（1）：44-49.

用本真的思维创新学校育人特色

——《小学本真教育校本化探索与实践》后记

深化教育改革，全面实施素质教育，落实立德树人根本任务，需要学校立足于校情，以创新的思维方式创造育人的特色。《小学本真教育校本化探索与实践》一书的编写和出版，正是重庆高新区陈家坪小学在本真教育校本化的理性思考与实践创新过程中，形成的学校育人特色成果。因为全国各地有不同层次的学校都在探索与实践本真教育，也因为陈家坪小学以承担的市级科研课题"本真课程体系实践研究"作为载体，近几年来开展了本真教育的校本化理性认识与实践活动，其成果是：第一，有了本真课程体系的建设成果，在课程建设的深化过程中学生的阅读与艺体教育课程开发成了亮点；第二，有了本真课堂的模式建构，以学生为本，以学习活动的开展为本，以"四真"（真知、真用、真人、真情）为育人目标的课堂教学结构或模式；第三，学校围绕本真教育营造了具有学校校本化特色的教师文化与环境文化，并开展了大量的本真教育校本化的活动。于是，《小学本真教育校本化探索与实践》的出版就显得有了丰富的内容。

《小学本真教育校本化探索与实践》作为对于本真教育的理解与践行成果，主要有三个方面的特色：一是课题研究特色，对于本真课程体系的建构，陈家坪小学用了大量的研究性学习实践活动的成果，该成果已申报了市区科研成果评奖。二是学校校本化活动特色，以生为本、以师为本和以校为本的"三本"活动成为学校育人的主线。三是本真文化氛围营造特色，学校对本真教育的行为文化与制度文化有比较规范的表述。

《小学本真教育校本化探索与实践》编写过程中，参考了较多的网络文献资料，综合了很多学校与专家们的研究成果，在此不一一列举，统一表示感谢。

祝贺《小学本真教育校本化探索与实践》的正式出版并得以交流。

陈家坪小学校长：薛萍

2020 年 5 月于学校